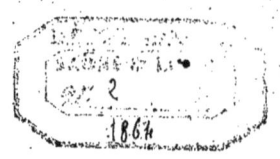

LES

PAPYRUS HIÉRATIQUES

DE BERLIN,

Récits d'il y a quatre mille ans,

AVEC UN

INDEX GÉOGRAPHIQUE ET DEUX PLANCHES DE FAC-SIMILE,

Par F. CHABAS,

Membre honoraire de l'Institut égyptien, Associé-Correspondant de la Société impériale des Antiquaires de France, etc.

CHALON-SUR-SAONE,

IMPRIMERIE DE J. DEJUSSIEU, RUE DES TONNELIERS, N° 5.

PARIS,

BENJAMIN DUPRAT,   ALB.-L. HÉROLD,
Libraire de l'Institut,   Librairie A. FRANCK,
Rue du Cloître-Saint-Benoît, 7.   Rue de Richelieu, 67.

1863.

A Monsieur le Docteur Richard LEPSIUS,

DE BERLIN,

Témoignage de gratitude.

F. CHABAS.

TRADUCTION.

Et je fis beaucoup de toute espèce de lait cuit, je passai des années nombreuses. Des jeunes gens à moi étaient dans mes expéditions militaires, chacun réprimant sa tribu.

FAC-SIMILE D'UN PASSAGE DU PAPYRUS N° 1.

FAC-SIMILE D'UN PASSAGE DU PAPYRUS N° II.

AVANT-PROPOS.

L'attention des savants vient d'être vivement excitée par l'explication sommaire, due à M. le vicomte de Rougé, de l'inscription du roi éthiopien Piankhi, découverte par M. Mariette au mont Barkal. Cette vaste page de pierre nous introduit à la connaissance de personnages et de faits nouveaux, très-importants pour l'histoire de l'Égypte vers l'époque qui vit finir la domination des Bubastites; elle démontre une fois de plus combien sont incomplètes et incertaines les informations que nous ont conservées les anciens annalistes, même pour une antiquité peu reculée; elle apporte une preuve nouvelle de la haute valeur des monuments épigraphiques que la vieille Égypte nous a légués en si grande abondance.

Nul mieux que M. de Rougé ne pouvait réussir à saisir la nature et l'enchaînement des événements racontés par la stèle de Barkal. Aussi de ce côté restera-t-il peu de chose à faire; mais la publication du texte de cette stèle n'en est pas moins indispensable au progrès de la science, soit pour la discussion des points de détail, soit au point de vue philologique. Un aussi long texte historique doit être en effet plein d'enseignements utiles pour l'étude des formes du langage.

La possession du texte serait en particulier nécessaire pour l'élucidation de l'un des sujets que je me propose de traiter; mais je ne saurais oublier que de la riche moisson recueillie par M. Mariette depuis bientôt dix ans il n'a été livré à l'étude qu'une seule inscription importante, et cela, grâce à un estampage parvenu en Angleterre. Sans cette heureuse circonstance, qui a valu à la science deux excellents mémoires¹ et des renseignements géographiques du plus haut intérêt, les égyptologues et les savants en général auraient eu à s'en tenir à des remarques provisoires, qu'on ne peut ni contrôler ni faire servir utilement au progrès de l'étude.

On excusera, j'aime à l'espérer, les impatiences d'un égyptologue ardent, qui depuis longtemps a vu l'immensité du problème à résoudre et recherché les moyens d'en accélérer la solution. C'est ce même sentiment d'anxieuse curiosité qui m'avait porté à formuler des plaintes à propos du mode de publication des papyrus de Berlin ², qu'on ne pouvait obtenir séparément du grand ouvrage dont ils font partie. Ces plaintes ont été entendues ³, et, en ce qui me concerne spécialement, j'ai été mis, de la manière la plus gracieuse, à même de me livrer à l'étude des documents que j'ambitionnais.

Que l'illustre égyptologue étranger qui m'a donné en cette circonstance une marque si considérable de sa sympathie, reçoive ici le témoignage de ma reconnaissance.

Les papyrus de Berlin réclament un examen de longue haleine; quelques mois d'études interrompues n'auraient pu suffire pour préparer le travail qu'ils méritent. Cependant il peut y avoir quelque utilité à en rendre un compte même sommaire, ne fût-ce que pour montrer que la publication n'en est pas restée stérile, et qu'il a suffi de les rendre accessibles pour qu'aussitôt ils aient cessé d'être *lettre-morte*.

---

[1] S. BIRCH, *On a hist. tablet of the reign of Thothmes III* (*Archæol.*, vol. 38, 2). — DE ROUGÉ, *Étude sur divers monuments de Toutmès III* (*Rev. arch.*, 1861).

[2] *Mélanges égyptologiques*, p. 56.

[3] Les papyrus séparés ont été mis en vente. Je ne saurais trop recommander à tous ceux qui s'occupent d'égyptologie l'acquisition de ces documents dont l'importance est sans égale.

I

NOMENCLATURE DES PAPYRUS DE BERLIN.

Les papyrus hiératiques rapportés d'Égypte par la commission prussienne, sous la direction de M. le docteur Lepsius, sont au nombre de 11. Dans la publication des monuments recueillis par cette commission ils occupent les planches 104 à 124 de la sixième partie et sont numérotés de I à XI.

Les numéros I, II, III et IV sont de beaucoup les plus importants à cause de leur date; ils appartiennent au type graphique lourd et ferme de l'Ancien-Empire, que nous a déjà fait connaître le papyrus Prisse[1]. Toutefois, l'écriture en est beaucoup plus négligée et plus difficile à lire que celle de ce célèbre manuscrit. Il est aisé de reconnaître, à l'emploi fréquent de certains mots, de certaines formes archaïques, ainsi qu'à certaine communauté dans les idées, que ces documents remontent à une même époque et qu'ils présentent un caractère bien différent de celui des manuscrits de l'âge des Ramessides. Par exemple, les articles possessifs composés ⸺, ⸺, etc., que le copte a conservés et que les papyrus de la XVIIIᵉ et de la XIXᵉ dynastie emploient si fréquemment, n'appa-

---

[1] Voir *Le plus ancien Livre du monde*, *Étude sur le papyrus Prisse*

raissent pas dans le style de ces anciens manuscrits ; en revanche, les formes verbales à sujets pléonastiques y sont encore plus compliquées, comme on le voit par cette formule si souvent répétée [hiéroglyphes], *fut de lui cet ouvrier rural à supplier lui*, c'est-à-dire : *cet ouvrier le supplia*.

L'écriture est en général, dans ces vieux manuscrits, d'une hardiesse qui avoisine la négligence ; nul compte n'est tenu de la distinction à faire entre les groupes, qui s'enchevêtrent sans loi comme sans nécessité. Le scribe paraît n'avoir eu qu'une seule préoccupation, celle d'aller vite. Aussi un certain nombre de pages sont-elles difficilement lisibles.

Le papyrus n° I, de nature anecdotique, comprend 311 lignes, sans revers ; il en manque au commencement, mais il est complet à la fin.

Le papyrus n° II, de sujet analogue, se compose de 256 lignes au recto et de 70 au verso. Le texte imprimé ne porte que 255 lignes au recto, parce que la ligne verticale qui suit la 76°, et qu'il faudra numéroter 76 *bis*, a été confondue dans les cinq lignes horizontales 78 à 82, dont il faudra distraire les premiers groupes [2]. Le texte du revers fait suite immédiate à celui du verso. Il en manque au commencement et à la fin. L'histoire racontée par

---

[1] N° IV, 108. Cet exemple montre un cas d'orthographe abusive dans le mot *sper*.

[2] Cette observation peut donner la mesure de l'assurance avec laquelle les égyptologues analysent un texte égyptien, même des plus difficiles.

ce manuscrit a pour théâtre principal la ville nommée [hieroglyphs], sur laquelle la stèle de Barkal, dont j'ai parlé au commencement, vient d'appeler l'attention des savants. On trouvera donc sur ce point, dans notre travail, des renseignements qui ont échappé à nos devanciers. Aussi ce papyrus formera-t-il l'objet principal de cette étude.

Le papyrus n° III est aussi de sujet anecdotique ; il occupe 180 lignes écrites. Onze autres ont été effacées après la ligne 155, à laquelle se terminait une première composition par la clause déjà connue : *C'est fini de son commencement à sa fin, comme on le trouve dans l'écrit*[1]. Les vingt-cinq dernières lignes, qui racontent un voyage ou une inspection, forment la suite des onze lignes effacées. Le texte est incomplet au commencement comme à la fin.

Le papyrus n° IV est un fragment d'un duplicata du n° II, au texte duquel il ajoute 35 lignes à partir de la ligne 108, endroit correspondant à la fin du n° 2. Mais cette addition ne nous donne pas encore la fin de l'ouvrage.

Il est probable que ces vénérables manuscrits de l'âge patriarcal de l'Égypte ont été l'objet d'un partage lors de leur découverte par les Arabes. Combien il serait à désirer qu'on parvînt à en rassembler les morceaux épars!

Les papyrus n°s V, VI et VII appartiennent au beau type de l'époque des Ramessides. Ils forment ensemble plus de 250 lignes et contiennent des hymnes d'un style très-élevé

---

[1] Voyez *Le plus ancien Livre du monde*, p. 3.

dont j'ai déjà dit quelques mots[1]. Je ne connais aucun texte mythologique de plus grande importance. Faciles à lire et à traduire, ces textes reposent agréablement la vue après l'inspection des écrits de l'ancien style. J'en publierai la traduction complète quand j'aurai mis fin à de plus lourdes tâches.

Les papyrus n°s VIII, IX, X et XI sont des fragments de Rituels et de textes mystiques de différentes époques, tous remarquables par la netteté et l'élégance de leur type graphique. Ils rendront de grands services pour l'étude de la mythologie.

En somme, les papyrus de Berlin, précieux pour l'histoire, pour la géographie et pour la mythologie, forment au point de vue paléographique un ensemble du plus grand intérêt.

[1] *Recherches sur le nom de Thèbes*, p. 16.

II

LE PAPYRUS N° II.

Il est impossible d'apprécier l'étendue de la portion qui manque au commencement de ce manuscrit. Nous sommes introduits *in medias res*, et le texte rapporte tout d'abord la suite d'un dialogue entre deux personnages,

l'un desquels est un [hiératique]. Ce mot, composé du signe polyphonique *campagne*, et dont par conséquent la lecture est incertaine, répond à la même idée que le latin *villicus*, *villanus*. Il nomme les ouvriers employés dans les domaines ruraux des riches personnages. Le chef de ces ouvriers apparaît, dans la description d'une résidence princière, comme chargé de pourvoir le maître de gibier[1]. Il ne s'agit donc pas nécessairement de travaux agricoles. Il semble résulter d'un passage du texte que l'ouvrier dont il est question ici était préposé ou occupé à une exploitation de natron et de sel. A défaut d'appellation plus exacte, nous le nommerons simplement *ouvrier rural*.

Son interlocuteur est désigné par le groupe hiératique [hiératique], composé d'un signe principal à moi inconnu et de la finale TI, qui n'est probablement

---

[1] *Pap. Anastasi IV*, 3, 8.

qu'une marque du redoublement du premier signe. Le nom est suivi du signe de l'homme tenant le casse-tête, qui, dans l'hiératique, détermine les mots en rapport avec les actions exigeant l'emploi de la force. Comme nous voyons le personnage exercer surveillance et autorité, nous le nommerons simplement *surveillant*. C'est dans tous les cas un officier d'ordre inférieur, dont le scribe ne daigne pas nous dire le nom, non plus du reste que celui de l'ouvrier. Il nous rappelle ces exacteurs préposés par Pharaon à la surveillance des travaux imposés aux Hébreux.

La ligne I commence par le mot *tout*, qui finissait une phrase. Ensuite le texte continue :

« Ce surveillant dit : Fais...... [1] ; ne marche pas sur
» mes vêtements.
» Cet ouvrier rural dit : Je suis ton obligé. Mes voies
» sont bonnes [2].
» Il sortit par le haut.
» Le surveillant dit : (As-tu trouvé) [3] mes dattes sur le
» chemin ?
» Cet ouvrier rural dit : La montée [4] était longue ; le
» chemin avait des dattes qui étaient ta propriété ; nous
» étions loin avec tes vêtements ; .....

[1] Lacune.

[2] Dans cette phrase, qui se rencontre encore deux fois, le mot ⟨hiéroglyphes⟩ est employé comme le copte ⲙⲱⲓⲧ, dans ⲛⲉⲕ ⲙⲱⲓⲧ ⲧⲏⲣⲟⲩ ⲥⲁⲛ ⲛⲉⲑⲙⲏⲓ ⲛⲉ. (*Apoc.* XV, 3.)

[3] Lacune.

[4] Sens douteux.

» Voilà que cet âne-ci, qui est à moi, remplit sa bou-
» che de palmes de dattes.

» Ce surveillant dit : Permets que je t'enlève ton âne,
» puisqu'il a mangé mes dattes, car il faut l'envoyer à
» sa tâche.

» Cet ouvrier rural dit : Mes voies sont bonnes ; un
» seul inconvénient, c'est que je mène mon âne aux
» mines [1], et tu t'en empares parce qu'il a rempli sa
» bouche de palmes de dattes. »

Il paraît que le surveillant avait surpris l'ouvrier cherchant à fuir, et emportant des vêtements qui ne lui appartenaient pas; l'ouvrier était vraisemblablement caché dans
quelque passage étroit, ou au fond d'une excavation d'où
il ne put sortir qu'avec peine et peut-être seulement en
rampant. C'est ainsi du moins qu'on peut s'expliquer la
recommandation que lui fait le surveillant de ne pas marcher sur ses vêtements. La question relative aux dattes fût
sans doute déterminée par la vue de quelques-uns de ces
fruits dont le fugitif s'était approvisionné et dont peut-être
il avait chargé son âne. Ce n'est au surplus que par hypo-
thèse que je donne au groupe , dont je ne
connais pas le correspondant hiéroglyphique, la valeur
dattes. Le végétal qui portait ce fruit est nommé par le
texte ⸺, BAY. Le copte BA, *ramus palmæ*,
en fournit une très-bonne explication, d'autant mieux

---

[1] ⸺, YNA; un fonctionnaire y était préposé. Cf. SHARPE, *Egyp. Insc.* 1, 78, l. 27. Le sens n'est pas certain.

que la scène se passe du côté de la vallée des lacs de Natron, au désert de Lybie, où le dattier se rencontre encore au voisinage des oasis.

L'ouvrier continue ainsi le discours que ces remarques ont interrompu :

« Mais je connais le maître de ce domaine [1]. Il appar-
» tient au grand intendant [2] Méruitens, celui qui s'occupe
» de châtier la violence dans ce pays tout entier. Serai-je
» violenté par lui sur son domaine?

» Ce surveillant dit : Quelle est cette réclamation? Les
» hommes disent : Le nom d'un misérable résonne-t-il
» au-dessus de celui de son maître? Moi, je te le dis,
» le grand intendant t'accusera.

» Alors il se saisit de branches de tamarisque [3] et d'a-
» cacia [4], et il lui en flagella tous les membres.

» Il prit son âne et le fit entrer dans sa métairie.

» Cet ouvrier rural pleura très-fort de la douleur de sa
» petitesse [5].

1 ⊟ ; *domaine rural, ferme, métairie, closerie.* Le phonétique paraît être 〜〜〜 (Denk. II, 150); il est opposé à ⊙ *ville, urbs* (Brugsch, Recueil, 22, 12).

2 〜〜〜 . C'était une fonction très-élevée.

3 〜〜〜, ᴀᴄᴘ, copte ᴏᴄᴇ, hébreu אשׁל, tamarisque.

4 〜〜〜, ḫᴛ, bois dur fournissant des ingrédients à la médecine égyptienne ; probablement l'acacia nilotica.

5 *D'être si faible.*

» Ce surveillant dit : N'élève pas la voix¹, ouvrier !
» fais attention à la ville du divin seigneur du silence².

» Cet ouvrier rural dit : Tu m'as frappé, tu as violenté
» ma propriété, tu t'en es emparé. Compatissant à ma
» bouche³ sera le divin seigneur du silence. Rends-moi
» ce qui m'appartient ; oui ! je ne me plaindrai pas de ta
» dureté.

» Cet ouvrier rural passa la durée d'un jour à implorer
» ce surveillant. Il ne lui fit pas droit pour cela.

» Cet ouvrier rural partit pour Soutensinen afin d'im-
» plorer le grand intendant.

» Il le trouva sortant de la porte de sa maison pour
» monter dans son caïque⁴ d'Arri.

» Cet ouvrier rural dit : Ο.... compatis à la réclamation,
» en ce moment. Fais-moi venir ton serviteur, l'intime
» de ton cœur. Je te l'enverrai (instruit) sur cette affaire.

» Le grand intendant Méruitens fit partir son serviteur,
» l'intime de son cœur, le premier auprès de lui. Cet

κ ; très-bon exemple de ⟨⟩ négatif.

² Ceci semble se rapporter à une propriété royale.

³ *Ma plainte.*

⁴ ⟨⟨⟩⟩ , KAKA, barque ou canot de petite di-
mension. Voir *Inscription de la princesse de Bakhten*, lig. 16 ; de ROUGÉ,
Étude sur une stèle, 136.

» ouvrier rural le fit informer sur cette affaire[1], telle
» qu'elle était entièrement.

» Le grand intendant Méruitens se fit rendre compte
» de ce surveillant par les jeunes gens qui étaient auprès
» de lui. Ils lui dirent :

» En faute[2] est son ouvrier rural ; il est allé se placer
» chez un autre ; et c'est ainsi que les gens agissent avec
» leurs ouvriers ruraux qui vont à d'autres maîtres pour
» se placer. C'est ainsi qu'ils font. En cette occasion, il
» avait été rebuté par ce surveillant à cause d'un peu de
» natron et d'un peu de sel. Il lui avait été enjoint d'en
» tenir compte, et il en avait tenu compte[3].

» Le grand intendant Méruitens garda le silence[4] ; il ne
» répondit pas à ces jeunes gens ; il répondit à cet ouvrier
» rural. »

Comme on le voit, la narration est des plus simples ; elle nous apprend que l'ouvrier fugitif se trouvait du nom-

[1] ⟨hieroglyphs⟩, XTT, employé comme l'hébreu דבר, *verbum, sermo, negotium.* Comparez la phrase ⟨hieroglyphs⟩ (SALLIER V, 20, 3).

[2] ⟨hieroglyphs⟩, CUOTN, mot dont je ne connais qu'un second exemple. Voir PRISSE, *Monum.* XXVI, 19 ; sens douteux.

[3] ⟨hieroglyphs⟩, TBA, *remplacer, compenser, substituer, récompenser.*

[4] ⟨hieroglyphs⟩ Voir *Nom de Thèbes*, p. 48.

bre de ceux qui étaient soumis à l'autorité du personnage que nous avons nommé surveillant ; à la suite d'une altercation au sujet d'un déficit dans la quantité de natron de sel qu'il devait fournir, déficit qu'il fut forcé de compenser, l'ouvrier s'évada et fut arrêté dans sa tentative de fuite par le surveillant, qui s'empara de l'âne dont le fugitif était accompagné et sur lequel on peut supposer qu'il avait chargé les provisions, les vêtements et les instruments qui lui étaient nécessaires pour s'établir ailleurs. C'est l'enlèvement de l'âne qui donne lieu aux vives réclamations de l'ouvrier ; mais, à propos des choses dont il a été privé et qu'il redemande, il se sert du terme ⸺⸺⸺⸺⸺, ⲥⲁⲛⲛⲟⲩ[1], qui me paraît s'appliquer à la propriété, au bien en général, de même que l'hébreu כלי se dit des vases, de toute espèce d'ustensiles, de meubles et de parures.

Le surveillant était au service d'un haut fonctionnaire portant le titre de *grand préposé de maison*, ou *grand intendant*, et nommé Méruitens. Ce personnage important habitait Soutensinen. C'est à lui que l'ouvrier va porter sa plainte. Mais il n'obtient pas justice immédiate ; Méruitens se fait renseigner de différentes manières sur les personnes et sur les faits. Puis il fait au suppliant une réponse que le texte ne rapporte pas, mais à coup-sûr une réponse dilatoire, car le malheureux est obligé de revenir à la charge.

[1] Tous les mots qui ne sont pas expressément désignés comme appartenant à la langue copte, sont des transcriptions de mots égyptiens en lettres coptes.

« Cet ouvrier rural vint implorer le grand intendant
» Méruitens ; il lui dit : Mon maître, le plus grand des
» grands, guide du malheureux¹, si tu descends au bassin
» de la justice, vogues-y avec la justice ; ..... qu'il n'y
» ait pas de gémissements dans ta cabine ; que l'infortune
» ne te suive pas ; que tes amarres? ne soient pas cou-
» pées ; que ton adversaire? ne te maîtrise pas sur la
» terre ; que l'eau ne (te) soit pas emportée ; ne goûte
» pas la vase? du fleuve ; n'aperçois pas la face de terreur ;
» que les poissons viennent à toi ; que tes pas soient
» détournés de la terre d'Aa! pas d'impureté? sur l'eau ²!
» Toi, tu es le père du misérable, le mari de la veuve,
» le père de l'orpheline, le vêtement de celui qui n'a plus
» de mère. Que ton nom soit comme une loi dans le pays.
» Bon seigneur, guide sans rudesse, grand sans petitesse,
» qui anéantis la fausseté et fais vivre la vérité, viens à
» la parole qu'émet ma bouche. Je parle, écoute-moi et
» fais-moi justice. Homme généreux, le plus généreux des
» généreux, détruis ce qui cause ma douleur ; prends
» soin de moi ; relève-moi ; juge-moi ; prends un peu
» de soin de moi.
» Cet ouvrier rural parlait ainsi du temps du roi de la
» Haute et de la Basse-Égypte Neb-ka-Ra, défunt. Le
» grand intendant Méruitens, le premier auprès de Sa
» Majesté, partit. Il dit (au roi) : Mon Seigneur, j'ai

¹ [hieroglyphs], *sans chose*, *n'ayant rien*.

2. Tout ce passage se rapporte aux incidents du voyage des mânes avant le jugement d'Osiris. Il est très-intéressant au point de vue mythologique.

» rencontré celui-ci qui est un ouvrier rural, insistant à
» dire¹ qu'il est vrai qu'on a violé sa propriété. Fais qu'il
» vienne à moi pour être jugé sur cela. »

Méruitens, quoique propriétaire du domaine sur lequel l'ouvrier était employé, ne se croyait pas néanmoins en droit de faire justice lui-même. Il part ; le texte montre qu'il s'agit d'un déplacement. Le roi n'habitait donc pas Soutensinen ; mais ici, comme dans les passages déjà rencontrés, le voyage est à peine mentionné, et nous trouvons immédiatement le grand intendant en présence du roi Neb-ka-Ra, ⊙━⏚, pharaon de la XIe dynastie dont le cartouche-nom n'est pas encore connu. Ce souverain porte le titre de roi de la Haute et de la Basse-Égypte, ce qui prouve au moins que cette division de l'Égypte en deux régions distinctes était pratiquée dès les plus anciennes dynasties. D'après l'expression de Méruitens : ≡𓀀𓏏𓏏 𓏭𓏭𓏭 ⌒𓂝, on peut conclure qu'il avait emmené l'ouvrier avec lui ; en effet, en s'expliquant de la sorte, il semble présenter l'ouvrier au roi. Du reste, dans sa réponse, le pharaon parle de *l'ouvrier qui est venu*.

Le roi ordonne vraisemblablement un interrogatoire de l'ouvrier, et c'est seulement après s'être fait rendre compte de l'attitude du fugitif devant ses examinateurs, qu'il répond à Méruitens par le discours suivant, dont la pre-

¹ , ⲚϤⲠ ⲬⲦ-Ⲧ, Ⲛ ⲞⲦⲚ ⲨⲀ ,
bon pour dire qu'il est vrai.....

mière phrase m'embarrasse. Je crois qu'il y est question de flagellation.

« Le roi dit : Veuille ne pas..... Il ne répond à rien de
» ce qu'on lui dit. Si l'on veut qu'il parle, il se tait.
» Qu'il nous soit fait rapport par écrit ; nous compren-
» drons la chose ; que sa femme et ses enfants soient au
» roi ; car c'est un de ces ouvriers ruraux sans domicile
» qui est venu. Que l'on veille encore en silence sur cet
» ouvrier rural, sur sa personne [1]. Tu lui feras donner
» du pain ; fais qu'il ne sache pas que c'est toi qui le lui
» donne. »

Le roi, comme on le voit, ne donne pas de solution immédiate à l'affaire. Il est à présumer que l'ouvrier avait été interrogé sur des circonstances qu'il était de son intérêt de tenir secrètes. L'instruction n'avait pu être complétée, et le roi ordonne qu'elle soit continuée et qu'il lui soit ensuite fait un rapport écrit. Mais il avait été suffisamment constaté qu'il s'agissait d'un ouvrier nomade, *n'ayant plus de domicile* ( ). Aussi, conformément à un usage de l'Égypte antique que la Bible nous a fait connaître, sa femme et ses enfants deviennent propriété royale. C'est ainsi qu'à une époque probablement un peu postérieure à celle des événements que raconte notre papyrus, Abraham, cherchant sur les bords du Nil un refuge contre la famine, se vit enlever sa femme Saraï, qui fut placée dans la maison du roi [2].

[1] *Sur ses membres.*
[2] *Genèse*, XII, 10 et sqq.

Le texte continue ainsi :

« On lui fit donner un pain et deux vases de hak[1] chaque jour. Le grand intendant Meruitens les lui fit donner par son majordome. Ce fut celui-ci qui les lui donna.

» Le grand intendant Meruitens envoya vers le Hak du pays de la campagne de sel, pour que l'on fît des pains pour la femme de cet ouvrier rural... trois par jour. »

Tel est le contenu des 87 premières lignes du papyrus n° II. Le surplus est rempli en entier par les supplications réitérées que l'ouvrier adresse au grand intendant et par un petit nombre de réponses brèves de ce dernier. Ces discours déprécatifs, conçus en un style très-imagé, sont d'un grand intérêt au point de vue des usages et des mœurs ; et, sous ce rapport, ils sont dignes d'autant d'attention que le papyrus Prisse ; malheureusement ils présentent les mêmes difficultés que ce document, et l'on devait s'y attendre, puisqu'il s'agit, dans l'un et dans l'autre cas, de compositions de nature philosophique. Malgré l'immense profit que l'on peut retirer de l'étude de cette partie du papyrus, je ne m'y arrêterai néanmoins pas ici ; elle n'ajoute aucun fait nouveau au récit que nous a livré la première partie, et la fin du manuscrit, même en y comprenant le papyrus n° IV, nous laisse encore dans le cours des interminables supplications de l'ouvrier rural. Le fragment qui manque à la fin nous aurait probablement appris le succès de ces réclamations si souvent réitérées.

[1] . Le hak était une espèce de bière.

Il nous suffira quant à présent de faire remarquer que le roi n'intervient plus dans l'affaire. Tout se débat entre l'ouvrier et Meruitens, qui l'un et l'autre étaient rentrés à Soutensinen. C'est ce que nous montre un passage dont nous allons encore donner la traduction (*l. 193 et suivantes*) :

« Cet ouvrier rural vint le supplier une quatrième fois ;
» il le trouva sortant de la porte du temple de Horshaf.
» Il lui dit : Qu'il t'accorde ses faveurs le dieu Horshaf,
» de la demeure duquel tu sors ; qu'il te fasse jouir du
» bonheur ; qu'il ne s'oppose pas à toi, etc. »

Ainsi que l'a déjà fait remarquer M. Brugsch, Horshaf est désigné par les monuments comme le dieu principal de Soutensinen. Mais notre papyrus nous apprend de la manière la plus positive que le temple de cette ville portait réellement la dénomination de *temple de Horshaf*. Résumons maintenant ce que l'on sait de cette localité importante, en y ajoutant les données du papyrus que je viens de faire connaître.

III

LE SOUTENSINEN.

A la localité nommée ▱▱▱ se rattachent plusieurs des plus anciens mythes de la doctrine osiridienne; son nom hiéroglyphique est écrit de différentes manières, dont la plus ordinaire est celle que je viens de reproduire; souvent le mot SUTEN est exprimé par son premier signe seulement; et quelquefois le signe *demeure* est combiné avec les autres éléments du nom, sous les formes ▱▱▱ ou ▱▱▱ , qui jettent quelque embarras dans la lecture et dans l'interprétation du nom, parce qu'elles tendent à faire considérer le signe de l'enfant comme indépendant de ▱.

Il y a lieu toutefois de remarquer que l'on possède deux autres dénominations géographiques d'une construction analogue; la première est ▱▱▱ , SUTEN-NEN, *le Nen du roi*, et la seconde, ▱▱▱ , TA-NEN, *le Nen du pain*. ▱▱▱ serait donc le *Nen du fils royal* ou *du prince*. On n'a pas encore trouvé de variantes substituant au signe de l'enfant ses équivalents, l'oie ou l'œuf, qui se lisent sɛ, sɪ, tandis que l'enfant peut admettre la valeur phonétique des mots nombreux auxquels il sert de déterminatif habituel, tels que c, ϣp, ὑc, cττ, ϧpoϯ, etc. Il suit de là que, quant à la lecture du nom, elle reste provisoirement incertaine. Nous admettons celle de *Soutensinen*, qui est plus euphonique et qui présente d'ailleurs au moins autant de probabilité que toute autre.

M. Brugsch a rassemblé dans sa géographie les passages du Rituel qui ont trait au Soutensinen. L'un des plus importants est celui qui nous montre ce lieu mystique servant de retraite au Bennu, ou phénix [1]. C'est là que l'oiseau sacré changeait de forme ou renaissait de lui-même, ainsi que le constate un autre passage où le défunt est assimilé *au Soleil prenant naissance dans le très-grand nid qui est à Soutensinen* [2]. Après cette naissance a commencé l'organisation du monde et le règne du Soleil, à ce que nous enseigne encore un texte du Rituel : *C'est le Soleil quand il s'est levé et qu'il a commencé son règne. Il a fait le commencement ; c'est le Soleil qui s'est levé à Soutensinen, étant non engendré* [3].

Ainsi donc Soutensinen avait été le théâtre de faits qui se transformèrent en mythes fondamentaux. S'il est vrai

---

[1] *Todtb.*, 125, 11 : *Ma pureté est celle de ce grand Bennu qui est dans Soutensinen.*

[2] *Ibid.*, ch. 17, 16.

[3] *Ibid.*, ch. 17, 2.

que le Soleil soit le dieu spécialement nommé dans les textes que je viens de citer, il ne s'agit point ici de la forme céleste ou sidérale de ce dieu, mais de l'une de ses manifestations terrestres, dont le développement constitua le personnage d'Osiris. C'est pour cela que le dieu local est invoqué sous le titre d'*Osiris, le très-redoutable, seigneur de la couronne Atef dans Soutensinen* [1].

Soutensinen fut d'ailleurs le théâtre du triomphe d'Osiris, et ce dieu y reçut la double couronne, qui symbolise la royauté de la Haute et de la Basse-Égypte [2]. Il y mourut et fut enseveli sous la forme de ░░░, *âme bienfaisante*. A ce moment l'organisation des deux mondes, c'est-à-dire des deux Égypte, et leur réunion sous un même sceptre furent définitivement accomplies [3]. Ce fait considérable remonte ainsi aux dynasties divines, c'est-à-dire aux temps héroïques de l'Égypte; aussi Ménès, le premier roi humain dont le nom soit parvenu jusqu'à nous, reçoit à bon droit le titre de roi de la Haute et de la Basse-Égypte dans les cartouches que nous connaissons de lui.

La forme particulière d'Ammon et d'Osiris, spécialement adorée à Soutensinen, porte le nom de ░░░,

---

[1] *Todtb.*, ch. 142, 25, 3º rang. Cf.: *Osiris Ounnefer, dieu grand de l'Atef, chef, seigneur de la crainte, le très-redoutable.* (Stèle d'Entef au Louvre, lig. I.)

[2] *Todtb.*, ch. 17, 69, 70.

[3] *Ibid.*, l. 71 et 72, ░░░; le mot *âme*, écrit ici par le bélier ʙᴀ, rappelle par allusion le dieu criocéphale de Soutensinen, en sa qualité *d'âme d'Osiris*.

qui présente diverses variantes, et notamment l'orthographe ⟨hiero⟩ et ⟨hiero⟩, comme dans notre papyrus. Ce nom comporte trois significations dont les Égyptiens faisaient probablement application au même dieu, savoir : *Face de bélier*, *Supérieur de la crainte*, et *Supérieur de sa localité*.

M. Brugsch a identifié Soutensinen avec l'oasis d'Ammon, où l'on a retrouvé les restes du temple du dieu à tête de bélier mentionné par les anciens historiens [1] : *Partout*, dit M. Caillaud, en décrivant les ruines d'Omm Beidah, *la figure à tête de bélier y est répétée et reçoit des offrandes* [2]. C'est aussi un dieu criocéphale que les monuments relatent comme l'objet principal du culte de Soutensinen, et, sur ce point, notre papyrus est des plus concluants lorsqu'il nous montre le grand intendant Meruitens *sortant du temple de Horshaf*.

Indépendamment de cette identité de culte, M. Brugsch s'appuyait encore sur les données de la stèle de Naples [3], dans laquelle un fonctionnaire de l'ordre sacerdotal raconte que son dieu lui ordonna de se rendre à Soutensinen; qu'il navigua sur le Ouat-Oer [4]; qu'il n'eut pas de crainte; qu'il ne faillit pas à l'ordre du dieu, et qu'il arriva à Soutensinen sans avoir perdu un cheveu de sa tête. Ces mentions prou-

---

[1] Leo Pellæus, *Fragm. hist. græc.*, édit. Didot, t. II, p. 382; Phæstus, Λακεδαιμονιακα, ibid. IV, p. 72; Pausanias, L. VIII, 32 : *Arietis cornua capite præfert;* etc.

[2] Caillaud, *Voyage à Méroé et au fleuve blanc*, tome I, p. 119.

[3] Brugsch, *Geog.* I, pl. LVIII.

[4] La Méditerranée.

vent en effet que l'on pouvait se rendre par mer à Soutensinen et que le voyage présentait quelques difficultés et quelques dangers. Or, ces conditions sont précisément celles du voyage à l'oasis d'Ammon, par le port de Parætonium, aussi nommé Ammonia, sur la Méditerranée, à 1300 stades d'Alexandrie [1]. De ce port on se rendait en cinq jours à l'Ammonium, par la route du désert, sur laquelle Ptolémée indique la station d'*Alexandri Castra*. C'est en effet sur cette route qu'Alexandre et ses troupes faillirent succomber à la soif et ne durent leur salut qu'à une pluie abondante, phénomène rare dans ces climats et qui fut considéré comme un signe de la protection divine [2].

Examinons les données que notre papyrus nous fournit pour la solution du problème.

Ces données se résument en ceci : qu'un ouvrier établi dans un pays nommé 𓏥𓂋𓏤 𓀀 𓈒𓏤 :, c'est-à-dire la *contrée de la campagne de sel*, puni pour une tentative d'évasion, se rendit à Soutensinen pour implorer la pitié du propriétaire du domaine. Dans ce pays de la campagne de sel, l'ouvrier était employé à l'extraction du natron (𓏤𓏤𓏤 , ₂ɢᴜɴ) et du sel (𓏤𓏤 , ₂ᴜᴀʏ). Ces renseignements nous permettent de placer le lieu de la scène entre la vallée des lacs de Natron et l'oasis d'Ammon, où le sel et le muriate

---

[1] Strabon, *Géog. XVII*, liv. 14. Les Grecs, qui allaient consulter l'oracle, prenaient vraisemblablement la même route.
[2] Quint. Curt., *Hist. Magni Alex.*, Lib. IV.

de soude se rencontrent en abondance. M. Caillaud y a vu de vastes plaines couvertes de sel [1] et a remarqué que les roches, qui sont de nature calcaire, y sont décomposées par la soude muriatée [2]. Mélangé avec le sable et les terres, le sel s'extrait en blocs dont on construit les maisons; le muriate de soude y est aussi employé à cet usage. Les anciens temples se tenaient abondamment approvisionnés de sel et de natron, substances précieuses l'une et l'autre par la diversité de leurs emplois. D'après un passage relevé par M. Harris dans son grand papyrus, l'inventaire de l'un des temples de Thèbes comptait 48000 *tebs* (𓈖𓂡𓊖) de natron et pareille quantité de sel.

Il est permis d'en conclure que l'exploitation de ces minéraux était réglementée par les pharaons, ou que tout au moins elle formait un objet de grand intérêt pour les propriétaires des terrains qui les produisaient.

Nous avons vu que l'ouvrier avait emmené un âne dans sa fuite. C'est encore aujourd'hui avec des ânes que les habitants de l'oasis et des rares villages qui l'entourent, se rendent à Alexandrie et à Terraneh. En ce qui concerne les végétaux cités, j'ai déjà avoué mon incertitude relativement au groupe 𓃀𓀀𓀁𓆇𓏤𓊨𓏛 ; s'il s'agit réellement du palmier-dattier, comme c'est probable, on sait que c'est un arbre dont on retrouve encore les traces au voisinage des lacs de Natron, tandis qu'une foule de troncs pétrifiés de la même espèce jalon-

---

[1] *Loc. laud.*, p. 50.
[2] *Ibid.*, p. 52.

nent la vallée du fleuve aujourd'hui sans eau. Avant d'arriver à Gharah, village situé à 20 lieues de l'oasis, M. Caillaud vit une vallée fertile en palmiers et en acacias, avec beaucoup d'herbes épineuses [1]. On sait d'ailleurs que les dattes de Siwah sont classées en première ligne parmi les plus estimées, et qu'elles constituent la branche principale du commerce de l'oasis avec la Barbarie, l'Égypte, le Fezzan et les autres oasis [2]. Au surplus, les arbres fruitiers abondent dans cette localité célèbre ; on y trouve notamment la vigne, l'olivier, le figuier, le prunier, le pommier, l'abricotier et le grenadier [3].

Deux autres végétaux sont cités dans notre papyrus, savoir : le tamarisque, arbuste des déserts, qui a été reconnu exister de nos jours au voisinage des lacs de Natron, et le 〰️, arbre que la forme de son nom nous représente comme un bois dur ou épineux, et que j'ai assimilé à l'acacia. Cette espèce, qui croît de nos jours dans les déserts voisins de Siwah, est connue comme ayant fourni des ingrédients à l'ancienne thérapeutique. De même, le 〰️ est fréquemment désigné dans les recettes du papyrus médical.

Tout semble donc se réunir quant à présent pour assurer l'identification de Soutensinen avec l'oasis d'Ammon. Il se présente cependant une objection, en ce que notre texte dit que Meruitens sortit de la porte de sa maison pour

---

[1] *Loc. laud.*, p. 50. — [2] *Ibid.*, p. 101. — [3] *Ibid.*, p. 87.

monter à sa *barque d'Arri*[1], ce qui semble supposer l'existence d'un lac ou d'un cours d'eau navigable. A cette condition pourrait à la rigueur satisfaire le lac d'Arachieh[2], au nord-est duquel se voient encore des tombeaux égyptiens. Mais, dans la réalité, le passage ne doit pas être entendu comme s'appliquant nécessairement à un embarquement immédiat à la sortie de la demeure. Le texte est en général très-sobre de détails en ce qui concerne les déplacements des personnages. Il se contente de mentionner le départ, comme par exemple lorsque l'ouvrier part pour Soutensinen : [hiéroglyphes] ......, et lorsque Meruitens va trouver le roi : [hiéroglyphes] ; aucun incident du voyage, ni de l'arrivée, n'est relaté ; les voyageurs sont sans transition mis en présence des personnages qu'ils se proposaient de voir. En ce qui touche le retour à Soutensinen, qui eut certainement lieu, puisque nous retrouvons plus loin Meruitens revenu à son domicile et visitant le temple de Horshaf, il n'en est même fait aucune mention. Il est donc bien certain que, lors même qu'il

---

[1] [hiéroglyphes], *appi*, désigne une espèce de forteresse ou de poste pouvant servir de prison et d'entrepôt fortifié. Des postes de cette nature devaient avoir été établis pour recevoir les approvisionnements destinés à l'oasis lors de leur débarquement au port sur la Méditerranée. Dans ce cas, la barque qui servait spécialement aux transports du grand intendant se nommait naturellement *sa barque d'Arri*.

[2] Ce lac a cinq ou six lieues de tour. On y voit quelques îlots qui n'ont pas été explorés. (CAILLAUD, *Voyage*, etc., vol. I, p. 249.)

se fût agi d'un voyage depuis l'oasis jusqu'en Égypte, le texte ne se serait pas expliqué différemment. On en tirerait seulement la conséquence que Meruitens alla s'embarquer au port le plus voisin, c'est-à-dire à l'un des endroits qui furent plus tard Apis ou Parætonium.

Une inscription gravée sur les rochers d'Hammamat[1] raconte que *le roi Osortasen III envoya chercher à Rohannu[2] des statues de pierre qu'il y avait fait faire pour son père Horshaf, seigneur de Soutensinen.* Ce zèle orgueilleux, qui consistait à déplacer d'énormes masses pour les transporter d'un désert dans un autre, était tout-à-fait conforme aux prétentions qu'affichaient les anciens pharaons. Divers monuments nous les montrent en effet se vantant d'avoir substitué les unes aux autres les populations les plus diverses, et fait servir à la splendeur du culte les tributs des nations les plus éloignées. Assurément la statue du dieu de l'oasis, que Quinte-Curce nous décrit comme richement parée d'émeraudes et de perles[3], n'avait point été taillée dans un bloc des roches du voisinage. Du reste M. Caillaud a reconnu, parmi les matériaux du temple, de gros blocs de calcaire spathique ou d'albâtre mamelonné[4], qu'ont dû fournir les carrières situées à l'est d'El-Bosra, dans la chaîne arabique.

Mais à ces renseignements sur le Soutensinen viennent aujourd'hui s'ajouter ceux qu'a livrés à M. de Rougé l'ins-

---

[1] *Denkm. II*, 136, a.

[2] Rohannu est l'une des principales carrières de la vallée d'Hammamat, au désert arabique.

[3] *Hist. mag. Alex. IV*; Diod. Sic., lib. 17, 50.

[4] *Loc. laud.*, p. 120.

pection de la stèle de Barkal. Ainsi que je l'ai expliqué en commençant, je n'ai pas l'espoir d'avoir prochainement la faculté d'examiner le texte; je suis donc forcé de m'en tenir aux explications du savant académicien, quoiqu'elles n'aient pas été rédigées en vue de l'étude particulière du point qui m'occupe.

Ce qui me frappe au premier abord, dans le récit de la campagne de Piankhi, c'est l'absence de toute date; rien n'y indique l'intervalle qui s'est écoulé entre les événements. Après sa première victoire, le conquérant était revenu à Thèbes; il ne se décida à se porter contre les troupes de la Basse-Égypte qu'à la nouvelle du succès partiel obtenu par le roi Nemrod, l'un de ses adversaires. Encore ne se mit-il en marche qu'après avoir célébré la grande panégyrie d'Ammon. Quoique la guerre eût été continuée par ses généraux, il est vraisemblable que les événements ne furent pas précipités, puisque, dans l'intervalle des deux premières batailles, les vaincus eurent le temps d'organiser contre Piankhi une formidable coalition. Il serait donc possible que les chefs de l'armée vaincue, après leur défaite au sud de Thèbes, se fussent retirés au Fayoum, et, de là, à l'oasis d'Ammon, par l'une des nombreuses routes qui existent encore.

On conçoit d'ailleurs l'utilité de ce mouvement; il s'agissait de s'assurer l'alliance des Maschawascha, ![hieroglyphs], dans lesquels je vois le peuple de race lybienne qui occupait la Marmarique, la Cyrénaïque et les oasis, et dont les Siwahiens, race de couleur plus foncée que les Égyptiens, sont peut-être les descendants directs. Constamment mis en rapport par les monuments avec les Tamahu, [hiéroglyphes], et les Libu, [hiéroglyphes], peuples du nord de l'Afrique, les Maschawascha sont aussi rapprochés des Nègres dans le papyrus Anastasi I. Ce document, en énumérant les troupes diverses employées à une expédition dans le désert arabique, cite en effet 480 *Maschawascha Nègres* [1], ce qui cependant pourrait aussi exprimer l'idée *Maschawascha et Nègres*.

Mais, soit que ce peuple comprît réellement des Nègres, soit qu'il se les procurât par suite de son voisinage ou de ses relations avec le Soudan, nous sommes toujours amené à conclure que les tribus dont il était composé s'étendaient de la Méditerranée jusqu'aux déserts méridionaux. Les Égyptiens eurent fort à faire pour empêcher les déprédations de ces Bédouins indociles. Nous les avons vus enrôlés dans les troupes auxiliaires de Ramsès II; plus tard on les trouve chargés de la police des hypogées à Thèbes; mais cette soumission de quelques tribus stipendiées n'assurait pas celle du reste de la nation, et Ramsès III, dans ses guerres contre les Libu, eut à combattre les Maschawascha. « *Ce pharaon*, dit un texte [2], *s'empara des Tamahu aidés des Maschawascha. Ceux qui exerçaient des déprédations contre l'Égypte journellement furent jetés étendus sous ses pieds.* »

---

[1] *Pap. Anastasi I*, pl. 17, l. 3.
[2] BRUGSCH, *Recueil*, pl. 55, 2.

L'alliance de ces dangereux voisins était donc un point de grand intérêt pour le chef de la Basse-Égypte, menacé par l'armée éthiopienne. Pour traiter avec eux, nul lieu n'était plus convenable que l'établissement égyptien de l'Ammonium, placé au centre de leur territoire.

Cette alliance fut en effet conclue, car au nombre des personnages qui firent leur soumission après le succès définitif des armes éthiopiennes, on compte trois *grands chefs* et deux *chefs* des Maschawascha, ce qui prouve évidemment qu'un corps de troupes considérable avait été fourni par ce peuple.

Le préfet égyptien de Soutensinen, dont le titre habituel était celui de ⟨hiéroglyphe⟩, ra (*principium, princeps*), avait imité les chefs des autres provinces de la Basse et de la moyenne Égypte; il s'était fait attribuer le titre de *Souten* ou *roi*, et avait pris part à la coalition. Mais, après la prise d'Hermopolis, il se hâta de faire sa soumission.

M. de Rougé, en analysant le texte de la stèle, conclut que Soutensinen ne doit pas être fort éloigné d'Hermopolis. Cette conclusion ne résulte toutefois pas nécessairement des données que je viens de rappeler. De ce qu'après la bataille qui eut lieu au sud de Thèbes, les vaincus se sont retirés à Soutensinen pour y organiser une coalition des chefs de la Basse-Égypte et des Maschawascha, il ne s'ensuit pas que Soutensinen doive être cherché dans l'un des nomes de la Haute-Égypte; le lieu n'aurait pas été bien choisi. L'organisation de la coalition, la distribution des commandements et le rassemblement des troupes exigèrent forcément un temps assez long. Aussi le lieu de la première rencontre des confédérés avec l'armée éthiopienne, lieu que le texte ne fait pas connaître, ne peut évidemment rien faire préjuger quant à la situation de Soutensinen. Il est évident du reste que les chefs seuls se sont transportés dans cette localité, et que leurs forces respectives, cantonnées dans la Basse-Égypte, dans le Fayoum, et peut-être, en ce qui concerne les fuyards, dans les plus rapprochées des oasis, ne furent qu'après le traité réunies et conduites à la rencontre des Éthiopiens. Rien ne nous indique que le roi de Soutensinen n'ait pas pris part en personne à la campagne. Mais, lors même qu'il aurait appris à l'oasis les succès de Piankhi, son voyage à Hermopolis n'offrait aucune difficulté sérieuse, et cette visite au vainqueur ne suppose pas nécessairement la proximité de la résidence du vaincu.

Mais il est en outre un point capital, c'est que Soutensinen ne s'est pas rencontré sur la route de l'armée éthiopienne, qui a suivi les bords du Nil. On ne le trouve mentionné ni parmi les villes occupées par les chefs de la Basse-Égypte, ni parmi celles dont les Éthiopiens s'emparèrent de gré ou de force, ni parmi celles où le roi vainqueur se rendit pour faire ses dévotions à des sanctuaires célèbres. Le roi de Soutensinen n'apparaît pas non plus au nombre des chefs de la Basse-Égypte, énumérés au nombre de quinze, sans compter le prince de Saïs, qui se soumit le dernier.

De ces circonstances il est permis de conclure que Soutensinen, centre religieux et politique d'une très-grande importance, n'était pas topographiquement situé de telle manière qu'il pût facilement être occupé par une armée marchant dans la vallée du Nil. S'il en eût été autrement, Piankhi n'eût pas manqué d'aller rendre hommage au dieu de la localité, comme il le fit à Thèbes, à Memphis, aux divers sanctuaires d'Héliopolis et à Remuer.

Remarquons enfin que les tableaux des nomes n'ont jamais fait mention de Soutensinen. Ceci exclut tout d'abord la pensée que cette ville puisse être confondue avec Héracléopolis, métropole d'un de ces départements de l'ancienne Égypte, et il faudrait admettre, si l'on devait nécessairement la chercher dans un nome égyptien, qu'elle ne fût pas même une bourgade de quatrième ordre, un écart (en égyptien ⌣, *pahu*), ce qui est évidemment inadmissible pour une ville qui fut le siège d'une royauté partielle.

Il serait surprenant, en définitive, qu'un lieu aussi célèbre dans l'antiquité que l'oracle d'Ammon n'eût pas laissé de souvenirs dans les hiéroglyphes. Cet oracle était rattaché par la tradition aux mythes des temps héroïques de la Grèce. Persée l'avait consulté avant de combattre la Gorgone; Hercule, dans sa guerre contre les Lybiens [1]. Plus tard, Sémiramis vint l'interroger sur la manière dont elle mourrait [2]. A son tour, Alexandre-le-Grand voulut y recevoir la confirmation de son origine divine [3]. Mais le conquérant macédonien, en cette circonstance, n'obéissait pas uniquement à l'exemple des héros fabuleux dont il se

---

[1] ARRIEN, *Expéd. d'Alexandre*, l. 3, ch. 3.
[2] DIODORE DE SICILE, l. 2, ch. 14.
[3] ARRIEN, *Loc. cit.*; DIODORE, l. 17, ch. 49.

prétendait le descendant, car la fréquentation de l'oracle d'Ammon par les Grecs n'était point un fait rare à son époque. *Nous n'irons pas sacrifier à Delphes ni à Ammon*, dit Pisthétérus dans la *Comédie des Oiseaux*, un siècle avant Alexandre, et, dans la même pièce, le chœur, célébrant les services que les oiseaux rendent aux mortels, constate qu'*ils leur tiennent lieu d'Ammon, de Delphes, de Dodone et de Phœbus-Apollon* [1], c'est-à-dire des oracles les plus renommés, au premier rang desquels figure celui de l'oasis. Pausanias constate aussi le crédit dont jouissait chez les Grecs le Jupiter lybien [2]. Pour se rendre l'oracle favorable, Lysandre ne craignit point de chercher à corrompre les grands-prêtres [3]. C'est encore à cet oracle que s'adressèrent les Rhodiens pour savoir s'ils devaient honorer Ptolémée Soter comme un dieu [4].

Rapportant à leur propre mythologie les légendes des autres peuples, les Grecs firent d'Ammon le père de Dionysus (Bacchus). Secrètement élevé à Nysa sous la protection d'Athèna (Minerve), la déesse vierge, Dionysus acquit toutes les perfections physiques et intellectuelles. Son père Ammon ayant été renversé du trône par Chronos (Saturne), Dionysus reconquit son royaume par les armes, et fonda à l'oasis une ville et un temple dans lequel il établit le culte et l'oracle d'Ammon. Le dieu était représenté ayant une tête de bélier. Après avoir, le premier, consulté l'oracle de son père et appris ainsi que l'immor-

[1] Aristophane, *Les Oiseaux*, v. 619 et 716.
[2] *Liv. III*, ch. 18.
[3] Diodore, liv. 14, ch. 13.
[4] *Ibid.*, liv. 20, ch. 100.

talité lui était assurée pour les bienfaits dont il comblerait les humains, Dionysus parcourut le monde, enseignant aux Égyptiens et aux autres peuples à cultiver la vigne et les arbres fruitiers [1]. Après Ammon et Dionysus, Dia (Jupiter) hérita de l'empire du monde.

Toute défigurée qu'elle l'a été par l'imagination des Grecs, cette fable reproduit encore quelques-uns des traits essentiels du mythe d'Osiris. Ce dieu, reformé par Isis, fut en effet élevé secrètement, et quand son bras fut devenu fort, il se fit rendre justice et obtint de nouveau la souveraineté des deux mondes [2]. En égyptien, Ammon est le dieu caché, dont Osiris est l'émanation bienfaisante. Mais les Grecs, étrangers à la connaissance des hiéroglyphes, se contentaient des rapprochements hasardeux que leur fournissait leur propre langue, et Jupiter Ammon fut pour quelques-uns d'entre eux le Jupiter des sables (Ἄμμος). D'autres prétendaient qu'un pasteur nommé Ammon avait été le premier fondateur du temple. En ce qui touche la tête de bélier, l'imagination des Grecs n'a pas été moins féconde. Aussi dans ce qu'ils nous rapportent des temps antiques devons-nous éliminer avec soin les commentaires dont ils ont presque partout surchargé les faits originaux.

Quoi qu'il en soit, il est bien certain que le dieu que les Grecs allaient consulter à l'oracle était un dieu égyptien. Quatre-vingts prêtres, au dire de Diodore [3], étaient occupés aux cérémonies de son culte. Porté par eux sur

---

[1] Diodore, liv. 3, ch. 67 et suivants.
[2] Voir *Hymne à Osiris*, Revue arch., 1857, p. 12.
[3] *Liv. XVII*, ch. 50.

une barque d'or, conformément à la pompe si souvent figurée sur les monuments de l'Égypte, le dieu rendait ses oracles par l'organe du prêtre du rang le plus élevé. Nous savons de même, par des renseignements empruntés aux monuments de l'Égypte, que des prêtres du rang de prophètes, 〖𓏺𓏺𓏺〗, étaient attachés au sacerdoce de Soutensinen. Sous les Bubastites, un prince de la famille royale occupa le poste de chef de ce sacerdoce [1]. Des femmes aussi participaient au service du temple ; elles portaient le titre de 〖𓏺𓏺𓏺〗, *azi*, qui suppose une fonction en rapport avec le chant ou la musique. Diodore mentionne aussi la foule des vierges et des matrones (πλῆθος παρθένων καὶ γυναικῶν) qui suivaient en chantant le cortège du dieu.

On se rend à l'oasis par plusieurs routes qui débouchent sur la vallée du Nil et sur le Delta, depuis le Fayoum jusqu'à Alexandrie. La plus courte de ces routes part de Terraneh et traverse la région des lacs de Natron [2]. Elle exige dix à onze jours de marche; on y rencontre de l'eau de distance en distance. Mais, au temps de la puissance des pharaons, des communications mieux organisées avaient dû être établies ; il est probable qu'alors la contrée présentait une physionomie bien différente de celle qu'elle a revêtue de nos jours. D'après les observations des savants de la commission d'Égypte, un bras du Nil a dû s'écouler

---

[1] Mariette, *Les Apis*, p. 12.

[2] Hérodote place l'oasis d'Ammon à sept journées de Thèbes (liv. III, ch. 26), et une autre fois à dix journées (liv. IV, ch. 191). Ces deux évaluations sont beaucoup trop faibles.

jadis par la vallée du fleuve sans eau. On sait que les branches par lesquelles ce fleuve se jette dans la Méditerranée ont subi diverses modifications ; les eaux se sont retirées de l'ouest vers l'est. Du reste, ni l'eau ni la végétation ne manquent absolument dans les déserts de Lybie ; mais depuis la disparition du peuple puissant et riche qui n'avait pas craint d'y fonder l'un de ses principaux sanctuaires, les sables ont continué leur marche éternelle et couvert les derniers vestiges du travail de l'homme. A Memphis, tout près du Nil, il n'était pas sans danger, au temps de Strabon, de parcourir l'avenue de sphinx dans laquelle, aux jours de fête, défilait jadis le pompeux cortège des rois et des dieux. Depuis l'époque du célèbre historien, les sables ont tout surchargé d'une couche épaisse, et tout a disparu même de la mémoire des hommes. Il a fallu la merveilleuse sagacité de M. Mariette pour rendre à la lumière temples et sphinx perdus depuis de longs siècles.

Nous ne devons donc pas juger de l'état de ces déserts aux temps pharaoniques d'après celui dans lequel nous les retrouvons tant de siècles après la destruction des établissements qui firent leur gloire [1]. Les récits merveilleux des Arabes qui les fréquentent de nos jours pourraient n'être pas seulement le fruit de l'imagination ingénieuse de ces conteurs. Ces délicieux jardins cachés au milieu

---

[1] Les troupes que Cambyse envoya contre les Ammoniens partirent de Thèbes. Hérodote affirme qu'elles allèrent jusqu'à l'oasis et qu'elles périrent (liv. III, 26). On a généralement révoqué en doute les difficultés que les soldats d'Alexandre eurent à surmonter dans leur marche jusqu'au temple de Jupiter-Ammon. Les historiens ne sont pas d'accord sur le chemin qu'ils prirent au retour. (ARRIEN, *Exp. d'Alex.*, liv. III, ch. 2.)

des sables, et qui échappent aux recherches de ceux qui veulent les découvrir[1], se réfèrent peut-être à un état de culture dont un vague souvenir s'est perpétué de siècle en siècle. Dans tous les cas, le papyrus de Berlin n° I nous apprend de la manière la plus certaine que la *contrée de la plaine de sel* était habitée et gouvernée, comme tous les centres de population établis dans les déserts voisins de l'Égypte, par un Hak ( ), qui y faisait exécuter les ordres du pharaon.

Remarquons d'ailleurs que l'oasis d'Ammon a constamment fait partie du domaine des maîtres de l'Égypte, depuis les plus anciennes dynasties jusqu'aux Lagides et aux Romains. A leur tour les Arabes s'en rendirent maîtres et en convertirent les habitants à l'islamisme. En 1820, Méhémet-Ali y envoya une petite armée avec de l'artillerie, et soumit les Siwahiens à un tribut de dattes. Nous n'avons donc pas à éprouver le moindre étonnement s'il nous arrive de rencontrer cette localité célèbre mentionnée par des documents égyptiens comme ayant été en rapports religieux et politiques avec l'Égypte des temps pharaoniques. C'est le contraire qui pourrait nous surprendre.

Soutensinen, localité où les documents originaux nous montrent le temple du dieu criocéphale établi à une époque de beaucoup antérieure aux plus anciennes dates de l'histoire rapportées par les classiques, présente avec le célèbre oracle de Jupiter-Ammon, qui remonte aussi aux siècles

---

[1] CAILLAUD, *Voyage*, etc., 44. Les Arabes racontent aussi que le pays a été civilisé par Bousir, ancien roi égyptien, dans lequel il est aisé de reconnaître Osiris.

de la fable, des points de ressemblance tellement frappants, qu'il était utile de les rassembler, en y ajoutant les renseignements que vient de fournir l'intéressant travail de M. de Rougé sur la stèle de Barkal, ainsi que ceux que j'ai pu déchiffrer dans le papyrus hiératique n° II de Berlin. Ces éléments importants ont manqué à mon savant ami, M. le docteur Brugsch, qui le premier a proposé l'identification sur laquelle je reviens aujourd'hui. La question touche, ainsi qu'on l'a vu, à des points très-intéressants pour l'histoire et pour la géographie. Espérons que de nouvelles découvertes viendront bientôt combler les lacunes que laissent encore subsister les documents actuellement connus.

IV

LE PAPYRUS HIÉRATIQUE N° I.

De même que pour le papyrus n° II nous n'avons aucun moyen d'évaluer l'étendue du fragment qui manque au commencement du papyrus n° I. Mais celui-ci est complet à la fin, ainsi que le prouve la clause finale déjà rencontrée dans le n° III et dans le papyrus Prisse : *C'est fini, de son commencement à sa fin, comme on le trouve dans l'écrit.*

Le papyrus n° I contient les relations d'un de ces hardis pionniers que les pharaons de l'Ancien-Empire chargeaient d'explorer les régions voisines pour y établir peu à peu la domination égyptienne. Les missions dont l'auteur nous entretient se placent sous le règne d'Amenemha I et sous celui de son fils Osortasen I. Ainsi, par leur nature et par leur date, les indications que cet antique manuscrit nous livre en font un titre réellement inestimable.

Au début de ce qu'il nous reste du texte nous trouvons le voyageur dont le nom est [hiéroglyphes], *Sineh*, partant pour un voyage périlleux. Il gagne un lieu, dit le *bassin de Snefrou*, et s'arrête au *domaine de la campagne* ([hiéroglyphes]).

« Je m'éloigne, dit-il, il faisait jour; je surprends un
» individu; se tenant éloigné, il me salue; il avait peur.
» Il arriva ensuite qu'il avait la face d'une jeune fille [1]. Je
» continue ma route jusqu'à la ville de (*lacune*). Je m'em-
» barque dans un bateau de transport (），
» sans gouvernail. Je gagne le village d'Abet (*de l'Orient*,

[ ]) [2]. »

Ici une nouvelle lacune de plusieurs mots interrompt la
narration. D'après les débris du dernier groupe, il paraît
que le voyageur avait visité un sanctuaire.

« Je me mis à marcher à pied jusqu'à ce que j'eusse
» rejoint la muraille que le Hak avait faite pour repousser
» les Sati. »

Cette importante indication nous montre que les pharaons de l'Ancien-Empire avaient construit un rempart
pour arrêter les incursions des Sati. J'étudierai plus loin
le nom de ce peuple. Il est à présumer que la muraille en
question se trouvait placée entre le golfe de Suez et le lac
Menzaleh, ou dans la direction de Péluse, et qu'elle défendait les passages les plus faciles de cette région déserte.
La première localité où nous trouvons notre explorateur
porte le nom de She-Snefrou, [ ], c'est-à-

---

[1] Le voyageur raconte ici sa rencontre soudaine d'une jeune fille,
qu'il prit d'abord pour un homme, et qui manifesta des signes de
frayeur.

[2] Ces localités pourraient très-bien être comprises dans le territoire
qui forma plus tard le nome d'Orient, le XIV° dans les listes de
M. Brugsch.

dire de bassin de Snefrou[1]. Il s'agit certainement d'une bourgade à laquelle cet ancien pharaon avait laissé son nom, et l'on sait que c'est à lui que remontent les plus anciens établissements égyptiens du Sinaï. She-Snefrou était sans doute l'une des stations qu'il avait disposées au désert d'Arabie, sur la route de la Mer-Rouge. Sineh s'embarque sur cette mer, et comme le navire, grossière barque de transport pour le cabotage des marchandises, n'avait pas de gouvernail, il est forcé de débarquer et de continuer sa route à pied jusqu'au mur élevé par le pharaon ou par le Hak[2], gouverneur de la province.

« La fatigue[3] me surprit dans un bois d'effrayante
» apparence; je m'arrêtai. Au jour où ma tête se trouva
» rafraîchie, je repartis; c'était au temps de l'équinoxe;
» le soleil se levait. J'arrivai à Patan; j'entrai dans la
» bourgade de Kam-Uer. La soif tomba sur moi soudain...;
» je dis : le goût de la mort est tel. Je relevai mon cœur
» et rétablis mes membres; j'entendais la voix délicieuse
» des troupeaux. J'aperçus un Sati, qui me demanda mon
» chemin par-là[4] et si j'étais de l'Égypte. Il me donna de
» l'eau et me fit chauffer du lait. J'allai avec lui vers sa
» tribu. Il voulut me donner une terre de sa terre. Je
» refusai sur-le-champ. Je me hâtai (d'arriver) à Atem. »

[1] La présence de l'eau était une des conditions indispensables à l'établissement de tout centre de population.

[2] Ce titre de *Hak*, équivalent de celui de *Melek*, était quelquefois attribué aux pharaons eux-mêmes ; mais il désigne le plus souvent les petits souverains, tributaires ou non, des contrées voisines de l'Égypte. Les peuplades du désert arabique étaient gouvernées par des Haks nommés *Haks de Teshcru*.

[3] Litt. : *La courbature*.

[4] C'est-à-dire : *Où j'allais par là*.

〰️, PATAN, nous est complètement inconnu ; mais M. Brugsch a classé deux bourgades portant le nom de : 𓂧𓃀𓏤, KAM-UER, l'une comme écart du nome héliopolite, l'autre dans le nome coptite. Ni l'une ni l'autre ne peuvent être assimilées au Kam-Uer de notre papyrus, auprès duquel notre voyageur fut exposé à périr de soif. Les noms significatifs attribués par les Égyptiens à des localités trouvaient aisément des applications nouvelles, et les mêmes particularités topographiques donnaient fréquemment lieu à des appellations identiques. Il y avait sans doute des *Kam-Uer* (*très-noir*[1]), comme chez nous des *Bellevue*. Dans tous les cas, il s'agit ici d'une localité qui n'était pas peuplée d'Égyptiens, mais occupée par une tribu de Sati, chez qui notre voyageur reçut l'hospitalité. On lui offrit un territoire qu'il refusa, parce qu'il devait se rendre à Atem ou Atema, en vertu de l'ordre royal auquel il obéissait, ainsi que nous le verrons plus loin.

Ce pays d'Atem (𓏤𓏤𓏤, aussi Atema, 𓏤𓏤𓏤), rappelle parfaitement le nom de l'Idumée, et il n'est pas impossible que nous ne retrouvions ici un très-ancien souvenir de la région dans laquelle vint s'établir Esaü. Malgré son extrême simplicité, le récit excite une certaine émotion dans le tableau qu'il fait du voyageur accablé par la soif et succombant à la fatigue et au découragement, puis reprenant courage en entendant *la délicieuse voix des troupeaux*.

---

[1] La couleur noire du sol indiquait le terrain fertile.

Nous l'avons laissé à son arrivée à Atem :

« Un cheykh [1] m'y accueillit........................... ;
» c'était le Hak du pays de Tennu supérieur. Il me dit :
» Sois le bienvenu avec moi. Comprends-tu la langue de
» l'Égypte [2] ? Ayant ainsi parlé, il sut ce que j'étais ; il
» comprit mon mérite. Des Égyptiens, qui étaient là
» auprès de lui, m'interrogèrent. Puis il me dit : Pourquoi
» arrives-tu ainsi [3].....? »

Le Hak du pays de Tennu songe immédiatement à s'attacher Sineh. Pour le déterminer, il lui raconte l'histoire de sa vie. On verra que les deux aventureux personnages étaient faits pour s'apprécier mutuellement.

Sans attendre une réponse à sa question, le Hak continue ainsi son discours :

« Je suis né à la cour du roi Amenemha I, qui est allé
» au ciel sans qu'on sache ce qui s'est passé à ce sujet [4].
» Le roi me parla secrètement..... »

Il se trouve ensuite six colonnes de texte entrecoupé de lacunes et présentant de grandes difficultés ; le narrateur y parle d'un voyage qu'il fit au pays des Tamahu

---

[1] ⸺, ⲁⲛⲁ, *un ancien.*

[2] 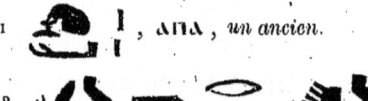, ⲥⲱⲧⲩ-ⲕ ⲣⲟ-ⲛ-ⲕⲏⲙⲓ, *Entends-tu la bouche de l'Égypte ?*

[3] Lacune.

[4] ⸺. Il paraît que les circonstances de la mort d'Amenemha I restèrent mystérieuses.

; puis il s'étend sur ses propres mérites et il passe aux louanges d'Osortasen I, fils d'Amenemha I.

« Ce dieu bienfaisant, sa crainte était chez toutes les
» nations, comme celle de la déesse Pakht... Il me par-
» lait, je lui répondais [1]. Son fils nous a sauvés en entrant
» au palais; il a pris possession de l'héritage de son père;
» ce dieu, il n'avait pas de frères, nul autre n'était né
» avant lui; il était tout-à-fait prudent; ses actions
» étaient pieuses. Ses ordres allaient et venaient comme
» il le voulait; il avait rassemblé (sous sa domination)
» toutes les nations. Son père était dans l'intérieur de
» son palais; il lui inspirait ses principes; devenu fort,
» il fit avec son glaive des exploits; quiconque le voyait
» ne demeurait pas ferme; il abattit les barbares, sub-
» jugua les pillards, châtia l'adversaire; il était un para-
» lyseur de mains;..... il se complut à briser les sommités;
» personne ne résista de son temps. C'est un coureur
» aux pas rapides qui a immolé le fuyard. On ne pouvait
» s'approcher de ses deux bras.

« Cœur debout à son heure, ses bras étaient prompts;
» cœur ferme....., il regardait les multitudes.....; sa
» joie était d'abattre les barbares. Il saisissait son bou-
» clier, frappait de la hache, recommençait à frapper et
» tuait; on ne pouvait échapper à son glaive; personne
» ne pouvait bander son arc; les barbares fuyaient; ses
» bras étaient comme ceux de la grande déesse.....

[1] Cette familiarité du monarque est une marque de faveur que le narrateur se plaît à rappeler.

» Il tomba malade, ce grand prodige qui s'emparait de
» l'affection ; sa ville l'aimait plus qu'elle-même ; elle se
» réjouissait en lui plus qu'en une divinité ; hommes et
» femmes s'assemblaient pour lui rendre gloire. Il fut roi
» dès qu'on le sortit de l'œuf ; il fut redouté dès sa nais-
« sance ; en lui se multiplièrent les naissances. Seul, il est
» d'essence divine. Ce pays se réjouit de sa domination ;
» ce fut un élargisseur de frontières ; il s'empara des
» pays du Midi, sans parler de ceux du Nord. Il devint
» seigneur puissant des Sati, pour fouler aux pieds les
» Nemma..... Ce qui fait le bonheur de la terre, cela
» provient de son essence. Il me dit en face : Guide
» l'Égypte, pour développer tout ce qu'il y a de bon en
» elle..... Sois avec moi ; mon œil est bon pour toi. Il
» me nomma gouverneur de ses jeunes guerriers et me
» maria à sa fille aînée ; il me fit choisir dans son pays,
» dans le choix de ce qui lui appartenait, sur la frontière
» d'une autre contrée. Ce pays est bon, Aa¹ est son
» nom ; il produit du *tab*² et du froment en quantité
» considérable ; du vin plus que de l'eau, beaucoup de
» miel, beaucoup de fer, du bak (*espèce de liqueur*), toute
» espèce d'arbres fruitiers et des céréales de deux sortes ;
» sans limites, et toute espèce de bétail ; il y a aussi une
» ville plus grande à parcourir que je ne le voudrais. Il
» me nomma chef de tribu dans le meilleur de son pays.

¹ 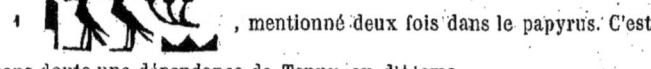, mentionné deux fois dans le papyrus. C'est sans doute une dépendance de Tennu ou d'Atema.

² Métal que je ne puis identifier.

» Je fis du pain ainsi que des *man-t*[1] et du vin pour
» chaque jour; des viandes cuites, des oies séchées, en
» outre du gibier. Et je lui donnai, et je continuai à lui
» donner au-delà des revenus de mes cultures. Je fis
» beaucoup de lait cuit de toute espèce. J'y passai beau-
» coup d'années. J'avais des jeunes guerriers dans mes
» expéditions militaires, chacun réprimant sa tribu. Un
» messager allait et venait auprès du roi, dirigé par moi ;
» et je satisfaisais toute la population ; je donnais de l'eau
» à quiconque avait soif. J'ai fait se détourner au loin,
» j'ai enlevé, j'ai saccagé les Sati, jusqu'à anéantir, à
» repousser le bras des Haks des nations. J'ordonnais,
» ils partaient. »

Si j'ai bien compris les mentions relatives au roi Amenemha I, il faudrait en conclure que des circonstances assez mystérieuses entourèrent la mort de ce monarque, *qui alla au ciel sans qu'on sût comment cela se fit*. On sait que, sur la fin de son règne, Osortasen I partagea l'autorité royale, et que les sept premières années de celui-ci se confondent avec les sept dernières de son père. De gré ou de force le vieux monarque avait abdiqué toute initiative. Osortasen I, *qui n'avait pas de frères, pas d'aîné*, s'était mis en possession de l'héritage paternel, et à lui désormais revenaient le soin et la gloire d'écraser les ennemis de l'Égypte ; quant à Amenemha, relégué au fond du palais,

, son rôle se bornait à donner des conseils à son fils.

[1] Espèce de liqueur.

Notre papyrus célèbre en termes pompeux l'activité et la valeur d'Osortasen I, qui, dit le texte, *soumit les pays du Midi, sans parler de ceux du Nord*. On connaissait déjà quelques-unes des campagnes de ce pharaon contre les Nègres ; nous apprenons ici pour la première fois ses rapports avec la race des Tamahou et ses guerres contre les Sati. Les Ru-Petti 〈hiéroglyphes〉, que ma traduction nomme *les Barbares*, formaient probablement une population distincte.

Le narrateur devint le favori de ce monarque, et fut pendant quelque temps préposé à l'administration de l'Égypte, *pour en développer les ressources*. Ce détail nous rappelle le rôle que, selon l'Écriture, Pharaon attribua au patriarche Joseph [1]. Nommé chef des jeunes soldats de l'Égypte, il épousa la fille de son roi. C'est ainsi du moins que je traduis la phrase : 〈hiéroglyphes〉, dans laquelle le verbe una présente seul de la difficulté ; il y a évidemment : *il..... moi à sa fille aînée*, et l'on trouverait difficilement à introduire ici un autre verbe que *marier, faire épouser*. Le sens propre de 〈hiéroglyphes〉 est *arriver, aborder* ; d'où la signification dérivée *inhumer, enterrer* ; celle d'*épouser* devra être vérifiée sur d'autres exemples, mais elle est au moins fort probable ici ; on ne connaît d'ailleurs aucun autre mot égyptien qui rende cette idée.

---

[1] Voir le discours de Pharaon à Joseph, *Genèse*, ch. 41, 38 et sqq.

Le roi confia ensuite à ce personnage, devenu son gendre, une mission politique de haute importance, et lui conféra le titre de 〈hiéroglyphes〉, c'est-à-dire de Hak ou gouverneur du pays de Tennu. Ce titre de Hak correspondait à l'autorité la plus élevée ; quelquefois il servait à désigner les pharaons eux-mêmes. Quant à Tennu, tout ce qu'on en peut savoir, c'est que c'est une région voisine d'Atema et comprenant un pays nommé 〈hiéroglyphes〉, AAA, dont la richesse et la fertilité remettent en mémoire ces mots des explorateurs envoyés par Moïse au pays de Chanaan : *Venimus in terram, ad quam misisti nos, quæ revera fluit lacte et melle, ut ex his fructibus cognosci potest*[1]. L'analogie est d'autant plus frappante que l'abondance du lait, du miel et du vin est précisément mentionnée dans l'un et l'autre cas[2]. On conçoit toutefois que je me borne à indiquer ce rapprochement ; l'étude approfondie de la géographie des premiers âges du monde, d'après les écritures égyptiennes, est un sujet qui demandera à être traité séparément, et seulement lorsqu'un plus grand nombre de faits de détail auront été élucidés et mis en lumière.

Fidèle tributaire de l'Égypte, le Hak de Tennu envoyait au pharaon une partie du revenu de sa province ; on y

---

[1] *Nombres*, XIII, 27. Les explorateurs hébreux rapportaient une branche de vigne couverte de raisins, qui faisait la charge de deux hommes, ainsi que des grenades et des figues.

[2] Il faut noter aussi les *urbes grandes et muratas*, que rappelle la *ville, si grande à parcourir* de notre papyrus.

voit figurer du lait cuit de toute sorte, c'est-à-dire différentes espèces de fromage. Le laitage jouait un grand rôle dans l'alimentation des Égyptiens de l'époque, si l'on en juge par les mentions qu'en font les monuments. Dans une inscription à peu près contemporaine de notre papyrus, un fonctionnaire nommé Améni se vante d'avoir rassemblé dans le nome de Sahou, dont il était préfet, un troupeau de 3000 taureaux avec leurs génisses, et dit que, pour ce fait, il reçut du pharaon des récompenses à raison du lait annuellement fourni [1]. Diodore nous a conservé un renseignement curieux sur l'usage abondant du lait dans les cérémonies du culte; trois cent soixante patères étaient journellement remplies de lait par les prêtres qui célébraient les mystères d'Osiris [2]. Sous le Nouvel-Empire, des fonctionnaires étaient chargés de l'inspection des taureaux, des vaches, des bouvillons, des jeunes génisses, ainsi que du personnel domestique dépendant du domaine d'Ammon. C'est ce que nous apprend l'une des curieuses légendes recueillies par M. Brugsch dans le tombeau du scribe Anna, à Qourna; à ce personnage était également dévolu le soin de faire placer le laitage dans le dépôt du domaine d'Ammon [3]. Le lait ne pouvant se conserver longtemps en nature, il est probable que les anciens Égyptiens savaient le transformer en fromage, et que

---

[1] *Denkm. II*, pl. 122, *Nordl. Mauerd.*, l. 3 et 4; S. BIRCH, *On a remarkable Inscript. of the XII dynasty*.

[2] DIODORE, liv. 1, ch. 22.

[3] BRUGSCH, *Recueil de Mon.*, pl. 36, n° 2.

l'expression de notre papyrus 〈hiero〉, *beaucoup de lait en cuisson toute*, doit s'entendre de *fromages de toute espèce*.

Suivant les inspirations d'une politique prudente que les Égyptiens du Nouvel-Empire imitèrent [1], ce gouverneur avait incorporé dans son armée des jeunes gens, fils des chefs indigènes, qui lui servaient à la fois d'alliés et d'otages. Chacun d'eux guidait sa tribu (〈hiero〉). Grâce à cette force armée, il put contenir les Sati et repousser toutes les attaques des Haks des nations, c'est-à-dire des chefs indépendants du voisinage. Un service de correspondance était établi entre ce gouverneur et le roi d'Égypte. En somme, nous trouvons que Tennu et ses dépendances formaient une colonie bien organisée, soumise à l'Égypte, et que cette colonie, qui comprenait des territoires extrêmement fertiles, avait aussi des parties où le manque d'eau se faisait habituellement sentir, puisque l'un des mérites dont se vante le Hak, c'est de n'avoir laissé personne souffrir de la soif.

La beauté et la prospérité du pays séduisirent notre voyageur, qui du reste était arrivé au lieu que l'ordre royal lui désignait. Il reprend en ces termes le récit interrompu de ses aventures :

« Ce Hak de Tennu me fit rester plusieurs années,
» comme organisateur de ses jeunes guerriers. Tout pays
» que j'envahissais, je m'y faisais redouter; on tremblait

---

[1] Voyez à ce sujet les Annales de Thothmès III et le traité des Khita.

» sur les pâturages de ses sources¹; je m'emparais de ses
» troupeaux; j'emmenais sa population; j'enlevais leurs
» vivres; j'y tuais des hommes par mon glaive et par mon
» arc; mes démarches et mes actes étaient parfaits et
» plurent à son cœur; il m'aima; il reconnut ma vaillance;
» il me nomma commandant de ses jeunes guerriers. »

Telle est la teneur des 108 premières lignes du papyrus. Jusqu'à la 165ᵉ se continue la narration de Sineh; elle se réfère à des sujets divers que je n'ai pas encore suffisamment étudiés. Puis le narrateur mentionne la fin de sa carrière :

« Le roi d'Égypte, je vécus dans sa paix; je rendis mes
» devoirs à la régente du monde qui est dans son palais²;
» j'entendis les appels de ses enfants. Oui, son essence
» fut la jeunesse de mes membres. La vieillesse est tom-
» bée sur moi; la décrépitude m'a surpris; mes yeux
» s'appesantissent; mes bras sont débiles, mes pieds
» fléchissent; la défaillance du cœur m'approche du dé-
» part³; on me conduira aux villes éternelles⁴. J'y servirai
» le seigneur universel. Oui, les enfants royaux qui sont
» passés à l'éternité diront de moi : le voici; le roi
» Osortasen I, dit juste, parlera sur cet appareil funèbre

---

¹ Ce passage indique que les cultures étaient localisées près des puits. C'est encore une spécialité du désert.

² C'est-à-dire *la reine*.

³ Il existe dans le papyrus Prisse un passage analogue; les infirmités de la vieillesse y sont décrites à peu près dans les mêmes termes.

⁴ [hieroglyphs], expression philosophique très-remarquable pour l'époque.

» sous lequel je serai ; c'est le roi qui m'a envoyé avec
» des libéralités royales, dans la joie de son cœur.....
» comme Hak de toute nation ; et les enfants royaux qui
» sont dans son palais me feront entendre leurs appels¹. »

Avec la ligne 179 commencent la copie de l'ordre royal et les instructions officielles délivrées à notre personnage à propos des missions qu'il a remplies. Le premier document n'est pas daté ; mais, comme il émane à la fois d'Amenemha et d'Osortasen, on doit le placer dans l'une des sept premières années du règne de celui-ci, ce qui du reste concorde parfaitement avec les circonstances que le récit nous a fait connaître. Cet ordre est ainsi conçu :

« Ordre royal ([hieroglyphs]) au serviteur Sineh :
» Comme on t'apportera cet ordre du roi pour que tu
» fasses la reconnaissance des eaux et que tu parcoures
» les terres, partant d'Atema jusqu'à Tennu, embrasse-le
» dans ton cœur, regarde ce que tu as à faire, etc. »

La rubrique, ligne 187, prévoit le retour et les récompenses destinées au voyageur s'il accomplit bien sa mission :

« Prends avec toi toutes les richesses qu'on te donnera,
» en totalité, et effectue ton retour en Égypte ; regarde
» le cabinet du roi, et quand tu y seras, prosterne-toi
» devant le grand double Ru-ti supérieur², etc. »

Ces citations suffisent pour faire bien apprécier la nature

---

¹ Notre personnage compte jouir dans l'autre monde de la faveur du roi et des princes, comme il en avait joui pendant sa vie. Le Rituel funéraire promettait aux morts de toute condition la société des rois de la Haute et de la Basse-Égypte (ch. 125, 69).

² Cette expression désigne le pharaon.

et la grande importance du document étudié ; elles nous montrent la politique envahissante de l'Égypte aux prises avec des peuplades asiatiques. Quoique nous n'ayons examiné guère plus de la moitié du texte, nous avons déjà recueilli une abondante moisson de faits entièrement nouveaux. Le surplus promet d'être aussi fécond ; mais comme il se compose surtout de la partie écrite en lignes horizontales très-serrées, l'écriture en est bien plus embrouillée et plus difficile à transcrire. D'un autre côté, il ne s'y trouve pas autant de ces simples récits, dans lesquels le contexte aide puissamment à l'intelligence des passages où se rencontrent des mots et des formes non encore connus. Il sera par conséquent nécessaire de soumettre le papyrus à une étude complémentaire ; c'est une tâche que j'aborderai quelque jour, je l'espère.

V

APERÇUS HISTORIQUES ET CHRONOLOGIQUES.

Jetons maintenant un coup-d'œil sur les principaux noms géographiques que nous venons de rencontrer.

Le plus important est celui que j'ai transcrit SATI, et dont la forme hiéroglyphique la plus habituelle est ⟨hiéroglyphes⟩ ; mais on trouve aussi ⟨hiéroglyphes⟩, où sont très-distinctement les éléments SNK-TI [1]. M. Brugsch a cité la variante des basses époques ⟨hiéroglyphes⟩, et suffisamment prouvé que ⟨hiéroglyphes⟩ n'est qu'une forme particulière du même nom. C'est ce que démontre la variante ⟨hiéroglyphes⟩ que cite ce savant.

En définitive, la lecture de ce mot offre des difficultés que je ne suis pas en état de résoudre. On trouve dans les papyrus de Berlin la forme ⟨hiéroglyphes⟩, dont le second signe varie notablement ; il devient, par

---

[1] Voir *Pap. mag. Harris*, p. 50.

exemple, [hiératique], [hiératique], etc. Si l'on compare ces

formes aux groupes [hiératique], [hiératique], etc.,

rencontrés dans les mêmes manuscrits pour le mot que les hiéroglyphes rendent par [hiéroglyphes], on pourrait être tenté de lire SOK, SUAK, et cette lecture serait

appuyée par le groupe [hiératique] ; mais il

est à remarquer que le [signe] n'est pas phonétique dans les expressions de ce genre, ainsi qu'on peut s'en rendre compte en examinant la forme [hiératique] ¹ du mot [hiéroglyphes], en copte CNϮ, *fundamenta*. Nous sommes donc autorisé à n'en tenir aucun compte dans les groupes

[hiératique], [hiératique], si

fréquents dans les écrits de l'âge des Ramessides, et qui ont donné lieu à la transcription fautive SNK-TI. Dans le premier de ces groupes, l'initiale est l'hiéroglyphe de la flèche, en copte CAϮ ; ce signe se retrouve dans la combinaison [hiéroglyphe], que les hiérogrammates du Nouvel-Empire

¹ *Pap. hiérat. Berlin* n° IX, l. 26.

ont adoptée pour transcrire le nom embrouillé du peuple qui nous occupe et auquel, pour ce motif, les égyptologues ont attribué le phonétique SATI.

On a donné le même son au groupe [hiéroglyphes], qui désigne les rayons du soleil. Ce sens n'existe pas en copte; mais on y retrouve ⲥⲁⲧⲉ, *ignis*, *flamma*, *splendere*, dont le thème antique est [hiéroglyphes] et [hiéroglyphes]. Il n'y a donc encore aucune preuve certaine à tirer de ce mot.

En définitive, nous reconnaissons qu'à l'époque pharaonique, les signes embarrassants que j'étudie ont été transcrits [hiéroglyphes], SNTI; [hiéroglyphes], SNKTI, et [hiéroglyphes], très-probablement SATI; qu'en outre les plus anciennes variantes ont une forme identique à [hiéroglyphes], SOK, SUAK.

Toutefois, il n'est pas douteux que dans l'antiquité et malgré ces bizarreries orthographiques dont nous ne devons plus nous surprendre[1], les scribes ne fussent parfaitement d'accord sur la prononciation du nom d'un peuple aussi important. Pour nous il n'y a d'absolument sûr que l'initiale *s*; au premier siècle de notre ère, alors que la littérature démotique florissait encore et que les anciennes doctrines de l'Égypte se perdaient dans les rêveries du Gnosticisme, on était probablement déjà dans la même incertitude que nous. On trouve en effet, dans un manuscrit de cette époque, le groupe [hiéroglyphes] employé

[1] Voir à ce sujet, *Mélanges égypt.*, p. 99; *Nom de Thèbes*, p. 42.

APERÇUS HISTORIQUES ET CHRONOLOGIQUES. 55

pour représenter uniquement la consonne *s*, dans les mots magiques ￼ et ￼, que le grec transcrit ΑΒΡΑΣΑΣ et ΣΑΣ[1]. Les hiéroglyphes donnent très-distinctement ΑΒΡΑΣ(ΚΚΤΙ)ΑΚΣ et Σ(ΚΚΤΙ)ΑΚΣ. La portion entre parenthèses, qui dans les hiéroglyphes est suivie du déterminatif des actions fortes, ne se prononçait pas; il n'en était tenu aucun compte. On savait donc encore à cette époque que des syllabes et même des mots polysyllabiques pouvaient, dans certains cas, n'exprimer que le son de leur première lettre. Ces cas sont fort rares; on conçoit que l'écrivain du papyrus démotique ait donné, pour figurer des mots magiques, la préférence à ce moyen compliqué et obscur. Dans tous les cas, il y a dans ce fait l'indication d'un ordre de recherches extrêmement importantes.

A défaut de solution plus certaine, nous nous en tiendrons à la lecture Sati, généralement adoptée jusqu'à ce jour, en faisant remarquer au surplus qu'aucune des autres valeurs phonétiques que nous avons passées en revue ne nous donnerait une expression plus facile à rapprocher des noms que l'histoire et l'écriture sainte nous ont conservés. L'Égypte, qui se nommait *Kemi*, n'a jamais été connue sous ce nom par les Hébreux, ses voisins, qui l'appelaient *Mizraïm*, c'est-à-dire d'un nom complètement étranger à la langue égyptienne. Les mêmes divergences existaient certainement à l'égard des autres nations, et il

---

[1] *Pap. dém. de Leide à transcriptions grecques*, pl. XVI, 24. La forme ΣΝΚ-ΤΙ était devenue ΣΚΚ-ΤΙ, ce qui s'explique parce que les Grecs changeaient en *n* la première gutturale.

est dès-à-présent certain que la géographie biblique, qui nous montre les premières cités et les premiers empires fondés par les descendants de Noé, et nommés d'après les noms de ces patriarches, a pris son origine dans des traditions qui n'avaient pas cours dans l'ancienne Égypte.

L'espèce humaine, en se répandant progressivement sur la terre, a d'abord formé des groupes séparés de familles, puis des tribus englobant un certain nombre de ces groupes. Plus tard, la guerre et la conquête réunirent, sous une même domination, de vastes territoires déjà couverts des villes et des cultures créées par les premiers occupants. La géographie des temps qui précédèrent ces premières grandes agglomérations nous montrerait la distribution des premières sociétés organisées. Avec les papyrus de Berlin, nous sommes bien reportés à une époque de beaucoup antérieure à Babylone et à Ninive, mais nous nous trouvons déjà loin de l'origine des sociétés, car nous y rencontrons la mention de plusieurs peuples d'assez grande importance. En ce qui touche les Sati, nous avons vu qu'ils étaient les voisins immédiats de l'Égypte, et que les pharaons de l'Ancien-Empire avaient fait construire une muraille pour arrêter leurs incursions. Un passage malheureusement mutilé du papyrus Anastasi III [1] nous donne un renseignement analogue, en nous parlant du *pays de Khor* ( ), *qui s'étend*, dit ce texte, *depuis Tzor* ( ) *jusqu'à Aup* ( ).

Les chefs des Sati sont mentionnés dans la même phrase.

[1] Pl. I, fig. 10.

Au XVe siècle avant notre ère, cette race s'étendait donc encore jusqu'à la limite orientale de la Basse-Égypte, car les belles recherches de M. Brugsch sur la géographie du nome de l'Est l'ont porté à reconnaître dans Tzor [1] la ville que les Grecs nommèrent Héroopolis. Quant à la limite septentrionale, que le passage cité place au pays d'Aup, nous savons seulement qu'elle n'était pas très-éloignée du Liban. Les Sati étaient probablement répandus sur tout ce territoire. C'était une race asiatique, différente de celle des Mena ou Pasteurs, 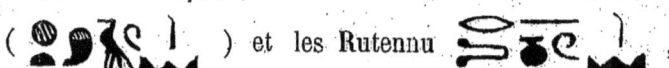, qui n'apparaissent que plus tard sur les monuments [2]. Les Khita ( ) et les Rutennu , qui précédèrent les grands empires de Babylone et de Ninive, sont également postérieurs à l'époque de notre papyrus. Il y a quelque motif de penser que les Égyptiens avaient dans l'origine donné ce nom de Sati aux tribus qui habitaient les régions comprises entre l'Arabie, l'Asie-Mineure et l'Euphrate. C'est dans ce même espace que les Mena, peuple de race sémitique, se firent ensuite une place avant de conquérir l'Égypte. Mais la domination des Mena sur l'Asie, ne fut pas de longue durée, ou plutôt leur empire se démembra, et de nouvelles nations, mieux circonscrites et marquées d'une plus grande individualité, se substituèrent aux Sati et aux Mena. Toutefois, bien que ces deux

---

[1] D'après la signification de son nom, Tzor était probablement la ville des étrangers. Cf.: ך, *alienus*, *extraneus*; et le copte ϢⲰⲒⲚⲒ.

[2] Certains monuments mentionnent à la fois les Sati et les Mena, ce qui ne permet pas de supposer que ce sont deux dénominations d'un même peuple.

peuples eussent depuis longtemps cessé de former des corps de nation, les Égyptiens en conservèrent les noms dans leurs incriptions monumentales jusqu'aux Basses-Époques. Ces noms, consacrés par un usage séculaire, n'étaient plus alors que des désignations générales des races asiatiques.

Dès les temps de l'Ancien-Empire, les Égyptiens avaient poussé fort loin leurs expéditions, et ils connaissaient certainement une partie considérable des côtes de la Méditerranée. Ils avaient lié, soit avec les peuples insulaires de cette mer, soit avec les Hanebu ( ), dans lesquels étaient compris les Européens, soit enfin avec les Tamahu ( ), qui habitaient les côtes septentrionales de l'Afrique, un commerce assez intime. Tous ces peuples en effet sont cités dans nos papyrus et sur les monuments de l'époque. Il est très-remarquable de trouver dans notre papyrus les dieux de l'Égypte associés à ceux des localités situées autour de la Grande-Mer dans les prières en faveur du pharaon [1]. En cette même occasion sont invoqués , *Horus de l'Orient*, qui présidait spécialement aux nations situées à l'orient du Delta, et , OER-T, *la grande déesse*, avec le titre

[1] *Papyrus* n° I, l. 210 :

de maîtresse de Pount, c'est-à-dire de l'Arabie. La prière demande que le roi obtienne *une durée sans limite et l'éternité ; que les nations ne cessent pas de le craindre et qu'il châtie à son gré tout ce qu'éclaire le soleil.*

Le TA-NETER ou terre divine, , contrée fertile en aromates et qui doit être identifiée avec l'Arabie heureuse, figure également dans la géographie de l'époque. Les pharaons s'en procuraient les produits au moyen d'expéditions qui traversaient le désert arabique par la route de Coptos, et s'embarquaient sur la Mer-Rouge. On sait que, vers le sud, les rois de l'Ancien-Empire avaient porté leurs armes jusqu'en Éthiopie et mis à contribution les mines d'or de Nubie.

Ainsi donc, dès cette époque, antérieure à toutes les dates de l'histoire, la puissance de l'Égypte avait rayonné au loin dans toutes les directions. L'antiquité classique ne nous a pas conservé le souvenir de ces temps dont les hiéroglyphes nous permettront probablement un jour de reconstituer le tableau ; quant à présent, il nous reste à arracher aux papyrus de Berlin une grande partie des renseignements qu'ils contiennent ; d'autres documents du même âge n'ont pas encore été publiés, et parmi une trentaine de papyrus historiques de l'époque des Ramsès, encore inédits, il en est un surtout qui doit résoudre, avec toute certitude, un grand nombre de problèmes géographiques. Il n'est donc pas encore temps de songer à reconstruire l'édifice ; cette œuvre regardera nos successeurs. Bornons-nous aujourd'hui à préparer de bons matériaux avec les ressources dont nous disposons. Dans un avenir plus ou moins rapproché, les précieux documents que nos investigations ne peuvent atteindre verront sans doute la lumière, et la question si importante de l'histoire des premiers âges du monde pourra être reprise avec fruit.

Il est facile toutefois de se former dès-à-présent une idée de l'antiquité reculée vers laquelle nous reportent les titres écrits de l'ancienne Égypte, mais il faut renoncer à indiquer des dates précises. Étirées, écourtées, corrigées de mille manières, les listes de Manéthon se prêtent à toutes les combinaisons, nous dirons même à tous les caprices des chronographes, et chaque année de nouveaux systèmes, basés sur le remaniement de ces listes, affrontent la publicité, puis tombent les uns après les autres dans l'oubli. Ce sont des travaux stériles; il faut que les monuments originaux parlent d'abord; et quand ils auront fourni des indications certaines, on jugera des modifications qu'il pourra être nécessaire d'introduire dans les listes.

Telles qu'elles sont, elles ne forment pas un guide sûr, même pour les dynasties qui ont immédiatement précédé celle des Lagides, époque à laquelle l'original en a été rédigé. A plus forte raison, ne faut-il pas les prendre pour critérium dans les évaluations chronologiques des temps antérieurs.

Quelle que soit notre opinion sur la haute antiquité de l'Égypte, nous n'entendons ni admettre, ni combattre, quant à présent, les systèmes chronologiques proposés par MM. Lepsius, de Bunsen, Brugsch, etc.; nos appréciations, surtout en ce qui touche les époques anciennes, ne revêtent pas des formes aussi nettement accusées, et nous trouvons qu'il reste trop de points à éclaircir pour qu'un classement chronologique des règnes antérieurs à celui de Taaken puisse être tenté avec quelque chance d'exactitude. Cependant, nous nous sommes formé des aperçus généraux fondés sur les faits définitivement acquis. De tels aperçus laissent une grande marge aux remaniements et aux changements qu'exigeront les découvertes ultérieures ; ils nous permettront cependant de donner une idée un peu distincte des grandes périodes de l'ancienne histoire de l'Égypte.

Des documents originaux dont ni l'authenticité, ni le sens ne peuvent être contestés, nous apprennent que l'Égypte fut conquise et occupée par un peuple asiatique, nommé ⟨hiéroglyphes⟩, MENA. En rapportant le même fait, les extraits de Manéthon donnent au peuple conquérant le nom de ποιμένες, qui est une traduction du nom égyptien pris dans son acception de ⲙⲟⲟⲛⲉ, *pascere*. Les extraits ajoutent que *ce peuple fut nommé les Hyksos*, c'est-à-dire *Rois pasteurs*, ou, d'après une autre version, *Pasteurs captifs;* mais j'ai démontré [1] que la fausseté manifeste de ces traductions et la confusion qu'elles supposent ne permettent pas de les considérer comme d'origine égyptienne. Ce fait suffirait à lui seul pour nous faire juger de l'état de falsification dans lequel les listes nous sont parvenues.

Il ne reste, dans tous les cas, aucun motif de continuer à identifier les Mena avec les Shaus ⟨hiéroglyphes⟩ ;

---

[1] *Mélanges égypt.*, p. 32.

la physionomie particulière de ce peuple s'oppose du reste à cette confusion [1].

Vigoureusement attaqués par Taaken, les Mena furent définitivement expulsés de l'Égypte par Ahmès. Il existe de ces événements des preuves monumentales de la dernière évidence. La domination des Pasteurs a donc pris fin vers l'an 1700 avant notre ère, époque généralement assignée à l'accession de la XVIII⁰ dynastie. Mais nous ne sommes pas aussi bien renseignés sur la date de l'irruption de ces barbares, dont la domination paraît avoir eu une durée assez longue. En effet, il ne subsiste plus, dans l'Égypte proprement dite, que de très-rares débris des édifices publics remontant à l'Ancien-Empire ; l'obélisque d'Héliopolis, élevé par Osortasen I, nous reste seul comme un muet témoin de la catastrophe, et comme un spécimen de la perfection des monuments de l'époque.

Mais au Fayoum, à Kouban, à Semneh, au Sinaï, à Hammamat, etc., se rencontrent encore des témoignages irrécusables de l'activité et de la puissance des pharaons qui précédèrent les Mena. M. de Rougé, dans son aperçu sur l'art antique chez les Égyptiens, reconnaît que la perfection de cet art et l'examen des obélisques et des débris autorisent à supposer, à cette époque, l'existence de temples de vastes dimensions et d'une grande magnificence. Cette conclusion est irréfutable, et il est à peine besoin de rappeler ici ce qui a été dit de l'exploitation active des belles roches du désert arabique, qui fournissaient des

---

[1] *Mélanges égypt.*, p. 33. Je crois n'être plus seul aujourd'hui à revenir sur cette erreur des premiers disciples de Champollion.

APERÇUS HISTORIQUES ET CHRONOLOGIQUES.   63

matériaux et des statues pour les temples de l'Égypte et même pour celui de l'oasis d'Ammon. Que sont devenus ces temples ainsi que les demeures des rois? le fléau de l'invasion les a nivelés avec le sol. Cette observation, que suggère invinciblement l'étude archéologique de la question, donne un grand poids au renseignement attribué à Manéthon : « Que les Pasteurs incendièrent les villes et
» dévastèrent les temples, en massacrant une partie de
» la population et réduisant le reste en esclavage. »

Nous avons montré combien avait été vivace chez les Égyptiens le souvenir de cette effroyable calamité [1]. Ils avaient donné aux Mena le surnom de *fléau* ou de *peste*,

[hiéroglyphes], qui caractérisait bien les terribles ravages que l'Égypte avait eu à souffrir. Cette haine traditionnelle a trouvé aussi un écho dans les extraits de Manéthon, où les Pasteurs sont appelés Ἄνθρωποι τὸ γένος ἄσημοι, *hommes de race ignoble* ; l'historien ajoute qu'ils firent continuellement la guerre dans le but d'exterminer les Égyptiens jusqu'au dernier.

Après avoir assuré leur domination, qui s'étendit au moins sur une partie de la Haute-Égypte et sur tout le Delta, les Mena organisèrent leur conquête. Tout le pays leur portait des tributs, ainsi que l'atteste le papyrus Sallier, d'accord en cela avec les fragments de Manéthon, qui mentionnent également les tributs imposés par leur premier roi Salatis à la Haute et à la Basse-Égypte.

Les Mena purent se considérer comme assez solidement

---

[1] *Mélanges égypt.*, troisième dissertation.

établis en Égypte pour s'occuper à imiter les monuments nationaux qu'ils avaient détruits ; l'un de leurs rois, Apapi, contemporain de Taaken, fit bâtir à Avaris un temple magnifique dédié à Soutekh, dieu qui plus tard trouva place dans le panthéon égyptien. Les extraits ne nous avaient parlé que de la reconstruction et de la fortification de cette ville-frontière, mais on sait que le témoignage du papyrus Sallier a été corroboré de la manière la plus éclatante par les résultats des fouilles de M. Mariette à Tanis. Ce savant et heureux explorateur a retrouvé quelques-uns des sphinx qui formaient l'avenue du temple de Soutekh. Les savants ont alors pu constater que des artistes égyptiens s'étaient mis au service des maîtres étrangers et en avaient reçu des inspirations modifiant assez profondément les règles et les traditions de l'art national. M. Mariette constata en outre un fait d'une non moins grande importance, c'est que le roi-pasteur Apapi s'était approprié les statues des pharaons ses devanciers, en y faisant graver ses cartouches en caractères hiéroglyphiques, à la manière égyptienne. Ce fait nous montre que la civilisation du peuple vaincu avait fini par pénétrer dans les usages du vainqueur ; l'Égypte avait civilisé les Pasteurs, comme la Chine a civilisé les Tartares.

Tels sont jusqu'à présent les éléments qui nous permettent de former des conjectures sur la durée de la domination des Mena. D'après Josèphe, Manéthon leur attribue 511 ans de règne, jusqu'au commencement de la longue guerre qui aboutit à leur expulsion définitive. Ce chiffre n'a rien d'invraisemblable.

Mais là ne se bornent pas les renseignements dont nous

sommes redevables aux découvertes de M. Mariette[1] ; elles nous ont encore apporté la preuve certaine que les Sevekhotep sont antérieurs à la domination des Pasteurs. C'est en effet sur la statue d'un roi de cette famille qu'Apapi fit graver son nom royal. Ainsi se trouvent placés à leur rang relatif les rois nombreux dont les cartouches couvrent le côté droit de la chambre de Karnak, aujourd'hui installée au rez-de-chaussée de la Bibliothèque impériale par les soins de M. Prisse d'Avenne. On retrouve ces cartouches, en plus grand nombre encore, dans les fragments du canon royal de Turin. Quelques-uns de ces souverains ont laissé des monuments attestant leur puissance, au moins sur la Haute et la Moyenne-Égypte. L'un de ces monuments prouve incontestablement que la dynastie des Amenemha et des Osortasen occupa le trône avant eux ; ils correspondent en conséquence aux 60 rois de la dynastie Diospolite et aux 76 rois de la dynastie Xoïte, cités en bloc dans les listes, comme ayant régné plus de neuf cents ans.

Nous arrivons maintenant, en remontant l'échelle chronologique, aux Amenemha et aux Osortasen, dont on a fait avec toute raison la XII° dynastie. Ces pharaons exerçaient sur l'Égypte entière une domination incontestée. De leur temps, la division du territoire en nomes était déjà

---

[1] Voir pour ces découvertes importantes : MARIETTE, *Lettre à M. de Rougé sur les fouilles de Tanis*, Rév. arch., nouvelle série, III, 97 ; DE ROUGÉ, *Note sur les principaux résultats des fouilles*, etc., Paris, Didot, 1861 ; Th. DEVÉRIA, *Lettre à M. Mariette sur quelques monuments relatifs aux Hyq-S'os*, Rev. arch. IV, 249. — Voir aussi mon *Mémoire sur le nom hiéroglyphique des Pasteurs*, Mélanges égyptol., p. 29.

pratiquée; les monuments contemporains mentionnent notamment les nomes Hermopolite, Cynopolite, Aphroditopolite, Phatyrite, etc. Ces mêmes princes avaient porté les armes au fond de la Nubie et y avaient établi des stations militaires pour arrêter les incursions des Nègres. Vers le Nord, les papyrus de Berlin nous les montrent envoyant des missions chez les peuples de l'Afrique septentrionale et chez les Asiatiques; nous les voyons fonder sur la limite orientale du Delta et même probablement sur le territoire de l'Asie, au-delà du rempart qu'ils avaient construit pour fermer l'Égypte de ce côté, des colonies militairement organisées, dont le viceroi ou Hak percevait des tributs au profit de l'Égypte. Le circuit de la Méditerranée leur était connu et les Hanebu,

(⛵︎ [1]), ou peuples du Nord, furent en relations avec leurs successeurs immédiats.

Nous ne sommes pas pressé de conclure, car nous n'avons pas encore pu examiner tous les titres retrouvés de cette antiquité si reculée, et le sol de l'Égypte nous en réserve encore beaucoup d'autres. Nous ferons remarquer seulement, qu'entre le commencement du règne d'Ahmès et celui d'Osortasen I, il faut nécessairement placer toute la durée de la domination des Pasteurs, les Sevekhotep, les Neferhotep, ainsi que les sept derniers pharaons de la XIIᵉ dynastie. Que les critiques élaguent, retranchent et retouchent à leur gré; qu'on discute un siècle ou deux sur

---

[1] Le sens littéral de HA-NEBU est: *Tous ceux qui sont par derrière*. Les Égyptiens s'orientaient en regardant le sud. (Voir *Inscriptions des Mines d'or*, 34.)

la date de l'accession d'Ahmès, nous y consentons; mais nous doutons qu'on nous trouve trop hardi à propos des quatre mille ans indiqués dans le titre de ce mémoire; nous ajoutons en effet moins de cinq cents ans à la date d'Ahmès, ce qui n'est évidemment pas suffisant pour rendre compte des séries royales et des événements.

La gravité de la question chronologique ne roule pas en effet sur les cinq ou six siècles d'erreur en moins que comporte probablement cette indication. Qu'on choisisse arbitrairement une limite inférieure, puis, que l'on examine avec attention les monuments épigraphiques de l'époque, notamment les belles inscriptions funéraires dont on possède un assez grand nombre et dont le plus beau spécimen est la stèle dite d'Entef au Louvre [1]; que l'on cherche ensuite à se rendre compte du nombre de siècles qui ont dû précéder et préparer un art aussi sérieux, un langage aussi compliqué; on lèvera ainsi un coin du voile qui nous couvre encore des profondeurs d'antiquité susceptibles de déconcerter toutes les opinions en cours sur les premiers âges du monde. C'est dans cette nouvelle période, dont les monuments n'ont pas tous disparu, que se placent la construction des grandes pyramides et les dynasties dont le souverain le plus connu est Khoufou (Cheops). Nous ne hasardons aucune suggestion sur l'intervalle qui sépare ce pharaon d'Amenemha I; mais qu'il y ait entre eux cinq siècles ou dix, nous pouvons rapporter aux monuments écrits de Khoufou l'observation que nous avons faite à propos de ceux de la XII° dynastie; là, nous

---

[1] Salle des grands monuments, C, n° 26.

retrouvons encore cet art et cette écriture, objets d'une éternelle surprise pour quiconque les étudie sérieusement.

À la vérité cette étude sérieuse ne peut être faite que par des égyptologues un peu exercés. Pour ceux-ci la langue de l'Ancien-Empire se distingue de celle dont on fit usage après l'expulsion des Pasteurs, presque aussi facilement que cette dernière, de la langue de l'époque saïte, laquelle à son tour se différencie notablement de la langue des Basses-Époques. A chacune de ces diverses périodes correspondent aussi des caractères paléographiques spéciaux dont l'observateur doit être bien pénétré.

Nous doutons fort qu'un savant, suffisamment versé dans la connaissance des hiéroglyphes, trouve, dans l'observation des monuments, des motifs plausibles de contredire les vues générales que nous venons d'exposer; quant à ceux qui, sans cette indispensable étude, combattent les assertions des égyptologues, ils se placent à différents points de vue. Les uns utilisent les écrits des anciens Égyptiens sans les comprendre et croient y retrouver des récits bibliques à peine altérés. La saine critique a depuis longtemps déjà fait justice de ces traducteurs complaisants; d'autres ne craignent pas de nier ouvertement les principes de notre science et d'y voir *une illusion, sinon quelque chose de pire*; puis, ayant rejeté cet élément embarrassant, ils affirment hardiment qu'il n'existe en Égypte aucun monument dont on puisse avec certitude faire remonter l'antiquité au-delà de l'an 1012 avant notre ère [1].

---

[1] Sir G. Cornwall Lewis, *An historical survey of the Astronomy of the Ancients.*

A ceux-ci nous répéterons ces mots d'un éminent égyptologue anglais : « *Que l'ignorance est inexcusable quand on* » *possède des moyens de la faire cesser.* » L'étude de la langue égyptienne n'est plus aujourd'hui entourée de telles difficultés qu'on ne puisse l'aborder avec confiance et courage, surtout quand on est mû par d'aussi ardentes passions. S'il existe encore de nos jours des gens de bonne foi, en défiance contre la solidité de nos procédés d'analyse, l'école de Champollion compte un assez grand nombre de disciples pour offrir aux sceptiques telles expériences qu'il leur plaîra de nous imposer. Il faudrait d'ailleurs nous attribuer une subtilité bien extraordinaire et une mauvaise foi non moins étrange, pour supposer que nous puisions dans notre imagination et par des procédés arbitraires les sujets si divers que nous traduisons dans les textes hiéroglyphiques, depuis les hymnes les plus sublimes jusqu'aux correspondances les plus vulgaires, jusqu'aux plus ridicules formules de l'empirisme. Si nous n'obéissions pas aux règles bien définies d'une science réelle, ce ne serait que par un véritable miracle qu'il nous arriverait, sans nous être concertés à l'avance, d'apprécier de la même manière et de traduire dans les mêmes termes un même texte égyptien. Or, le nombre de textes inédits et complètement inconnus est encore fort considérable. Il sera donc facile de nous mettre en demeure de faire nos preuves ; nous sommes prêts. Mais nous accuser, sans examen, d'égarement et même de déloyauté, par le seul motif que les résultats de nos études contrarient certaines données historiques ou chronologiques, c'est une méthode plus brutale que concluante, dont l'unique effet est de discréditer radicalement les travaux scientifiques basés sur cette dénégation systématique.

Une autre classe de contradicteurs se compose de savants de bonne foi, qui s'attachent rigoureusement à l'arrangement chronologique de l'Ancien-Testament et qui y trouvent d'infranchissables limites. Ils se montrent généralement fort durs pour ce qu'ils nomment l'*infidélité française* et l'*incrédulité germanique*. Du reste, tous varient entre eux dans les systèmes qu'ils proposent et dans les mutilations qu'ils opèrent sur les chiffres de Manéthon, et quelquefois aussi dans leurs appréciations des dates dérivées de la Bible.

Nous nous contenterons de les renvoyer aux aperçus généraux que nous venons de résumer, en leur donnant l'assurance que notre foi catholique n'est nullement ébranlée, bien qu'il nous paraisse impossible d'admettre que cent ans, ou, s'ils le veulent absolument, cinq cents ans [1] avant Amenemha I, la terre, abandonnée par les eaux du déluge universel, il n'existât plus que les quatre couples humains de la famille de Noé ; bien que, nous fondant sur l'autorité du papyrus Prisse, nous croyions fermement qu'à ces mêmes époques la vie humaine n'avait pas une durée supérieure à la nôtre, et bien qu'en définitive il nous paraisse nécessaire de repousser dans une antiquité beaucoup plus reculée le déluge et les temps qui l'ont précédé.

Nous serions plus surpris qu'effrayés si ce zèle, que

[1] La date la plus généralement adoptée pour le déluge, d'après la Bible, est l'an 2348 avant notre ère ; mais il existe des supputations différentes.

nous n'hésitons pas à qualifier d'imprudent, songeait à renouveler moralement le procès de Galilée. Ce n'est pas, en effet, de ce côté que nous tournerons les yeux quand nous aurons à solliciter des solutions dogmatiques. Nous sommes avec le R. P. Toulemont lorsqu'il affirme *que le premier chapitre de la Genèse souffre une interprétation qui met les géologues fort à l'aise*[1], et contre M. le recteur du Gymnase de Hildesheim, qui ne veut pas démordre du sens littéral du texte sacré, et s'en tient rigoureusement aux sept journées de la création[2]. Nos principes ne nous permettent pas de supposer que le christianisme puisse avoir à souffrir du développement d'une science quelconque, davantage que des progrès de la géologie, et nous sommes fermement convaincu que la chronologie de l'Égypte, à quelque degré d'antiquité qu'elle nous transporte, prendra place dans la science moderne à côté de la connaissance des lois planétaires et des grandes périodes de formation de la terre, sans le moindre dommage pour la foi chrétienne.

Il était toutefois nécessaire d'indiquer à larges traits les développements que comporte cette grave question de l'antiquité de l'Égypte. C'est pour nous une occasion de renouveler nos fréquents appels aux hommes de savoir ; nous nous associons de grand cœur à l'invitation qu'a

---

[1] *Études relig., histor. et litt.* Nouvelle série, *M. Renan et le Miracle.*

[2] JATHO, *Die Grundzuge der alttestam. Chronologie*, Hildesheim, 1856.

adressée le R. P. Dutau[1] au clergé français de prendre une part active aux études égyptologiques : c'est un champ de recherches où il y a place pour tous et qui est suffisamment déblayé aujourd'hui pour que tous les investigateurs de bonne foi se trouvent forcément sur le même chemin, celui du progrès.

[1] *Études relig.*, etc., Bibliographie, p. 706.

INDEX GÉOGRAPHIQUE.

(Les noms sont classés dans l'ordre de l'alphabet copte.)

𓄿𓄿𓈅, AA, p. 12.

C'est le nom d'une contrée mystique dont la mythologie des temps plus modernes de l'Égypte ne paraît pas avoir conservé le souvenir. Entre autres souhaits en faveur d'un défunt parvenu aux régions de la Vérité, on trouve celui-ci : *Que tes pas soient détournés de la terre d'Aa.* Le monde des mânes était distribué topographiquement d'après des données empruntées à la géographie du monde des vivants; toutes les localités auxquelles se rattachaient des traditions mythologiques étaient représentées dans les régions funéraires. La terre d'Aa, que je ne connais que par la mention du papyrus N° I, doit avoir été le théâtre de quelque événement désastreux de la lutte des dieux contre le principe de la destruction, lutte qui forme le pivot de la doctrine religieuse des anciens Égyptiens.

𓄿𓄿𓄿, AAA (*les voyelles admettent toute autre prononciation*), p. 43, 46.

Pays appelé, selon toute vraisemblance, d'après le nom

d'un végétal qui y croissait sans doute abondamment; on le trouve cité au livre des morts (ch. 98, l. 6) à propos de la navigation du défunt vers le Kar-Neter. C'est peut-être le même que le papyrus médical nommé AUAU. Ce pays était situé à l'orient du Delta; il produisait en grande quantité du vin, du miel, de la liqueur Bak, des céréales, des arbres fruitiers et des pâturages. Le chef égyptien qui y était installé avait à guerroyer contre les Sati et contre les Haks des peuplades voisines. Aaa possédait une grande ville et formait une dépendance ou une enclave de Tennu ou d'Atema (*voir ces mots*).

; AAT, p. 8.

Domaine rural, ferme, métairie, closerie. Ce mot est fréquemment en antithèse avec celui qui désigne les villes.

, l'*aat* ou *ferme de la plaine*, p. 38.

D'après les indications du papyrus N° 1, cette localité était située dans l'un des nomes de la Basse-Égypte, sur la route d'Asie. Une autre localité du même nom :

, est indiqué, par les monuments, comme placée à l'est de Coptos, sur la route d'Hammamat.

, *le village d'Abet* ou *de l'Orient*, p. 38.

Après She-Snefru, l'Aat de la plaine et une localité dont le nom a disparu, le voyageur du papyrus N° 1 arrive au village d'Abet. De là il gagne la muraille que les pharaons avaient fait construire pour défendre l'Égypte contre les incursions des Sati.

INDEX GÉOGRAPHIQUE. 75

𓉔𓈖𓏏𓏤 , *Atem, Atema*, p. 39.

Après le village d'Abet, le voyageur du papyrus N° I passe le rempart qui défendait l'Égypte contre les Sati; puis il arrive à Patan, à Kam-Uer, lieu où des Sati étaient établis et se livraient à la vie pastorale, et enfin à Atema. C'est ce dernier endroit que l'ordre royal lui désignait comme point de départ de ses explorations, lesquelles devaient comprendre le pays de Tennu. Ce nom d'Atema correspond exactement à l'hébreu אדום, Édom, Ἐδώμ, l'Idumée, la *Palæstina tertia* des Romains, que l'extrême fertilité de quelques-unes de ses vallées fit surnommer *Palæstina salutaris*. L'Idumée s'étendait au sud et au sud-est de la Palestine, entre la Mer-Morte et le golfe Élanitique. L'accès en fut interdit aux Hébreux sortis d'Égypte, quoiqu'ils s'obligeassent à ne pas passer dans les champs cultivés, ni dans les vignobles, et à ne pas se servir des puits sans payer l'eau (voyez *Nombres XX, 17*). Les circonstances révélées par le papyrus N° I s'accordent bien avec les données du récit biblique. Il est possible du reste que les contrées nommées par les Égyptiens *Atema* et *Tennu* s'étendissent à l'ouest et à l'est de la Mer-Morte et comprissent dans leur territoire les villes jadis célèbres de Sodome, Amorah (Gomorrhe), Adamah et Seboïm. On sait qu'à l'époque d'Abraham ces villes étaient gouvernées par des *Meleks*, מלכים; le papyrus N° I nous montre que le chef de Tennu portait le titre de Hak, fort analogue à celui de Melek, et qu'il avait à combattre les

𓉔𓈖𓎡𓏥 , c'est-à-dire les petits souverains indépendants de son voisinage.

La catastrophe qui fit disparaître les villes maudites n'est pas antérieure aux faits que nous raconte le papyrus égyptien, et il n'est point invraisemblable qu'Adamah, אדמה, l'une d'elles, ne soit précisément l'Atema du papyrus. Sous le successeur de Ramsès II, Atema était encore placé sous la domination de l'Égypte; des forteresses égyptiennes avaient été construites dans le voisinage de ce pays (voyez *Pap. Anastasi VI*, pl. 4, l. 14).

, KAM-UER, p. 39, 40.

Localité située sur la route d'Égypte en Asie, après Patan et au-delà de la muraille qui défendait l'Égypte contre les incursions des Sati. Le voyageur du papyrus N° I y arriva mourant de soif et y reçut des secours de la part d'un Sati, qui y était établi et y possédait des troupeaux. Le nom de KAM-UER signifie *très-noir* et se rapporte vraisemblablement à la couleur noire du terrain fertile, circonstance caractéristique qui fut l'origine de désignations topographiques. C'est ainsi qu'on trouve, dans les listes dressées par M. Brugsch, deux autres KAM-UER, l'un dans le nome coptite, l'autre dans le nome héliopolite.

. LUB-U, p. 27, 28.

Population des côtes septentrionales de l'Afrique. Les Égyptiens la comprenaient dans la race blanche, qu'ils nommaient *Tamahu*. Un assez grand nombre de peuples appartenaient à ce type, qui paraît avoir colonisé les îles de la Méditerranée et même l'Europe. Nos vieux papyrus de l'Ancien-Empire parlent des Tamahu; mais non des Lub-u, que je n'ai encore rencontrés que sur des monuments postérieurs à l'expulsion des Pasteurs. Il y a quelques motifs de penser que les לְהָבִים, *Lahabim*, les Λαβιειμ des Septante, cités dans la Genèse (ch. X, v. 13), au nombre des descendants de Mizraïm, doivent être identifiés avec les Lybiens; plus tard, l'Écriture les désigna sous le nom de לוּבִים, *Lub-im*, Λίβυες. Ce sont probablement les Lub-u des hiéroglyphes. Les peuples du nord de l'Afrique, que les monuments nous font connaître, ont un caractère de civilisation avancée, autant qu'on en peut juger par leurs parures, leurs armes, et l'usage des métaux précieux qui leur était familier. Mais ces peuples ont précédé ceux qu'énumère Hérodote dans son quatrième livre, et à propos desquels il a enregistré tant de fables ridicules.

𓈖𓈖𓈖𓈖𓈖𓈖, MASCHAWAS-CHA-U, p. 26 et sqq.

Peuple voisin des *Lub-u*, ou dépendant de cette race. On ne les a pas encore rencontrés dans les textes qui datent de l'Ancien-Empire. Après Ramsès II, qui en avait incorporé quelques tribus dans ses troupes auxiliaires, les Maschawascha, de même que les Lub-u, secouèrent le joug de l'Égypte, et les pharaons successeurs de ce conquérant, durent soutenir contre eux une longue guerre; que termina Ramsès III. On peut juger de l'importance des Maschawascha par ce fait qu'ils perdirent 9141 hommes dans une campagne contre Menephtah-Hotephima (*Denkm.* III, pl. 199, a, 15). Ils combattaient avec l'arc et le glaive, possédaient des ornements d'or et d'argent, des vases de métal, etc. Les Bubastites se les attachèrent comme alliés et leur imposèrent des chefs égyptiens. Cette milice fournit des forces considérables dans la guerre que soutinrent les chefs de la Basse-Égypte contre le roi éthiopien Piankhi.

Les Maschawascha étaient liés par affinité de race avec les Lub-u ; mais ils s'étendaient aussi vers le Midi ; et c'est sans doute pour ce motif qu'ils sont comptés avec les Nègres dans le dénombrement d'une troupe étrangère employée au service de l'Égypte. Il y a lieu de croire qu'ils habitaient la Lybie maréotique et les oasis qui s'étendent au sud jusqu'au Darfour, et qu'ils parcouraient les déserts adjacents. Cette situation les mettait, sur un vaste espace, en contact avec l'Égypte et ses colonies du désert de Lybie. Aussi sont-ils mentionnés par un texte hiéroglyphique comme exerçant journellement des déprédations contre l'Égypte.

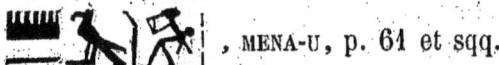, MENA-U, p. 61 et sqq.

Peuple asiatique qui conquit l'Égypte à la fin de l'Ancien-Empire, l'occupa plusieurs siècles et en fut définitivement expulsé par Ahmès. Il est généralement connu sous le nom de *Pasteurs*. Celui d'Hyksos n'est pas un ethnique, mais très-probablement une épithète injurieuse (HAK-H'ES, *vil souverain*) à l'adresse des rois de cette race. Les Shasu (*voir ce mot*) ne sont jamais confondus avec les Mena, dont ils diffèrent très-essentiellement. Après les Sati, les Mena nous apparaissent comme les principaux adversaires de l'Égypte du côté de l'Asie aux temps les plus anciens; ces deux dénominations continuèrent à être en usage jusqu'aux Basses-Époques pour désigner les Asiatiques en général, quoiqu'il n'existât plus alors de corps de nation ainsi nommés.

L'invasion des Mena en Égypte fut accompagnée de terribles ravages ; elle fit disparaître les villes, les temples et les palais de l'Ancien-Empire, et les Égyptiens en conservèrent l'impression d'une haine profonde contre leurs oppresseurs, qu'ils désignèrent sous le nom significatif d'AATU, *fléau, peste*.

Mais, après avoir assuré leur domination, les Mena subirent l'influence de la civilisation de l'Égypte ; leurs rois s'attribuèrent des cartouches à la manière des pharaons ; ils s'approprièrent les statues des anciens monarques nationaux, et firent élever des monuments dont le style participe à la fois du caractère de l'art égyptien et de celui d'un art étranger à l'Égypte. Les Mena adoraient Soutekh, dieu dont le culte paraît originaire de l'Asie centrale. Soutekh prit place plus tard parmi les divinités syriennes. Les Égyptiens l'assimilèrent à Set, frère d'Osiris, et les rois conquérants du Nouvel-Empire l'associèrent aux dieux de l'Égypte.

𓉻𓏤𓈅, PATAN, p. 39, 40.

Localité située sur la route d'Égypte en Asie, entre le mur élevé pour arrêter les Sati et la bourgade de Kam-Uer.

𓊪𓃀𓈅, PUNT, p. 58.

L'Arabie, ainsi que M. Brugsch l'a fort bien établi. Toutefois ce nom de Punt ne paraît pas s'être jamais étendu à l'Arabie-Pétrée. Il désigne essentiellement la contrée située à l'est de l'Égypte, sur la côte orientale de la Mer-Rouge. C'est le pays des parfums, de la gomme et des bois précieux et odoriférants. L'un des cantons de l'Arabie se nommait le ▨, TA NETER, *le pays divin;* il convient d'y reconnaître l'Arabie-Heureuse, ainsi que l'a conjecturé M. de Rougé. Les Égyptiens commerçaient avec Punt et avec Ta-neter par la route de Coptos et la Mer-Rouge ; les barques dont on faisait usage étaient nommées *Kabni*, sans doute d'après le nom que leur donnaient les Arabes qui fréquentaient cette mer.

Les produits recherchés de Ta-neter s'exportaient au loin dès les temps antiques, comme ceux de l'Arabie-Heureuse à l'époque romaine. C'est ce qui explique comment ces produits ont pu quelquefois se trouver compris parmi les tributs perçus par les pharaons dans quelques provinces de l'Asie centrale. Punt et Ta-neter étaient connus des Égyptiens sous l'Ancien-Empire.

▨, ROHANNU, p. 25.

L'une des principales localités de la vallée d'Hammamat. Les Égyptiens de l'Ancien-Empire y exploitaient de belles pierres destinées à la décoration des temples. Un texte cite le temple de Soutensinen au nombre de ceux où furent transportés des monuments provenant de Rohannu.

▨, SUTENNEN, p. 17.

Localité dont le nom est construit comme celui de Soutensinen. Le papyrus de Leide I, 368 raconte que six esclaves fugitifs qui s'y étaient retirés y furent poursuivis et arrêtés par un officier envoyé de Memphis. Dans le papyrus Anastasi IV, Sutennen est indiqué comme ayant un dépôt de pièces de bois servant à la construction des barques. De ces circonstances on peut conjecturer que ce lieu n'était pas éloigné de la Basse-Égypte, ni de la Méditerranée ou de l'une des branches navigables du Nil, et qu'il devait se trouver dans une situation assez écartée pour offrir un asile convenable à des esclaves en fuite. Il est donc fort possible que ce nom désigne quelque point de la côte de la Marmarique et qu'il ait eu ainsi certaine connexité avec l'oasis d'Ammon.

, SUTENSINEN, p. 3, 9, 11, 13, 17 à 36. Tous les renseignements relatifs à Soutensinen, localité dans laquelle je persiste à reconnaître l'oasis d'Ammon, sont résumés dans le deuxième chapitre de cet ouvrage.

, SATI-U, 43, 44.

Ce nom, dont la lecture n'est pas absolument certaine (*voir p. 32 ci-devant*), est celui des tribus asiatiques avec lesquelles les Égyptiens de l'Ancien-Empire furent le plus souvent en contact. Le papyrus N° I nous apprend que les pharaons de cette époque avaient construit une muraille pour repousser les Sati :  . Ce rempart était situé au-delà d'un village nommé Abet ; ensuite se trouvaient les localités nommées Patan, Kam-Uer et Atema (*voyez ces mots*). A Kam-Uer, dont le voisinage manquait d'eau, étaient établis des Sati qui élevaient des troupeaux.

Diodore (*liv. I*, 57) dit que Sésoôsis construisit un mur de quinze cents stades de longueur, entre Péluse et Héliopolis, pour défendre la frontière orientale de l'Égypte contre les incursions des Syriens et des Arabes. Mais on sait que cet historien, suivant l'exemple d'Hérodote, a attribué à ce conquérant un grand nombre de faits glorieux, dont plusieurs furent en réalité l'œuvre de divers autres pharaons. Nous retrouvons peut-être dans le vieux papyrus de Berlin une antique mention du rempart dont les prêtres parlèrent à Diodore. Dans tous les cas, si le fait rapporté par l'annaliste grec regarde réellement Ramsès II, nous savons aujourd'hui que ce monarque n'avait fait que rétablir un rempart élevé par ses prédécesseurs de l'Ancien-Empire.

En résumant ce qui précède, nous voyons que les Sati étaient les voisins immédiats de l'Égypte du côté de l'Asie. Maîtres du Delta, comme de la Haute-Égypte, les pharaons de la XII⁰ dynastie eurent fréquemment à guerroyer contre eux. Osortasen I est signalé par nos papyrus comme puissant seigneur des Sati ([hieroglyphs]).

Dès les commencements du Nouvel-Empire, on trouve les Sati en étroite liaison avec les Mena; mais le nom de ces derniers n'apparaît pas sur les monuments de l'Ancien-Empire, à moins qu'il ne faille le reconnaître sous la forme [hieroglyphs], qui se rencontre dans un monument du Sinaï (*Denkm.*, II, 39), ce qui est peu vraisemblable. Quoi qu'il en soit, ces noms de Sati et de Mena paraissent avoir été employés dans la suite des temps comme des désignations générales des races asiatiques ennemies de l'Égypte.

⟨hiéroglyphes⟩, TAMAHU, p. 27, 41.

Sous ce nom les Égyptiens désignaient la race blanche, qui comprenait les peuples de l'Afrique septentrionale, les populations insulaires de la Méditerranée, et sans doute aussi les Européens. Cette classification remonte à l'Ancien-Empire.

⟨hiéroglyphes⟩, TANEN, p. 16.

Nom de demeure ou de localité dont la forme rappelle le Soutensinen. D'après le Rituel funéraire, il existe une corrélation entre certains faits mythologiques qui eurent pour théâtre ces deux localités. Le chapitre XVII, lig. 81 et suivantes, nous dit que : ⟨hiéroglyphes⟩,
Celui à qui il a été donné des pains MASI-U *dans le Tahen dans Tanen, c'est Osiris.* Le texte ajoute ensuite que *les pains* MASI-U *dans le Tahen dans Tanen, c'est le ciel, c'est la terre; et qu'une autre tradition dit que c'est Schou ébranlant le monde dans Soutensinen.* Enfin, la glose ajoute encore : *Tahen est le dieu Œil d'Horus; Tanen est le* SAM *d'Osiris*.

Ce texte mystique est hérissé de difficultés; je le comprends d'une manière fort différente de celle qu'a exposée

M. de Rougé (*Études sur le Rituel funéraire*, p. 66, 67), mais je n'ai ni la prétention ni l'espoir d'avoir réussi à en donner une explication définitive.

Le mot MAS, MASI, MASTU, nomme une espèce d'aliment qui fut présenté à Ounnefer, c'est-à-dire à Osiris, victime des embûches de Set, dans une circonstance de sa lutte avec le génie de la destruction. L'événement eut lieu pendant la nuit, et cette nuit devint l'une des dates mythologiques célébrées dans le culte. Les mânes qui devaient subir toutes les phases de la destinée mortelle d'Osiris, étaient censés consommer certains aliments en commémoration des MASI-U offerts à ce dieu. C'est ce que nous enseigne la belle prière en faveur de Ma, intendant des travaux de Thèbes, publiée par Sharpe (2ᵉ série, pl. 78) :

« Qu'ils t'accordent de voir le Soleil à chacun de ses
» levers et de lui rendre gloire ; qu'il t'écoute dans tes
» demandes ; qu'il te donne le souffle vital ; qu'il réorga-
» nise tes membres ; que tu sortes et que tu entres comme
» l'un de ses favoris ; que tu sois avec les dieux de son
» cortège ; que tu suives le dieu Sakri, le collier de fleurs
» au cou, le jour qu'on fait le tour des murs (*la grande*
» *panégyrie de Ptah-Soccaris*) ; qu'il te soit fait une place
» dans la barque sacrée, le jour de la fête d'Uak ; qu'il
» te soit mis des mets devant toi, la nuit des *mâs-tu*,
» placés devant Ounnefer, etc. »

Ces pains commémoratifs nommés ici MAS-TU, rappellent les pains sans levain, les *matsôth* (מצות), que les Hébreux mangeaient à l'occasion de la fête du Pessah, mais dont l'usage était connu bien avant l'Exode. Loth en fit cuire pour les deux anges qui le visitèrent à Sodome (*Genèse*, ch. XIX, 3).

Le TAHEN, 〖𓏤𓎡𓈖𓏛〗, est une substance minérale qu'on rencontre mentionnée avec le cuivre et le lapis. On en ornait des chars; on en fabriquait des talismans. Il s'y rattache une idée d'éclat, de lumière, ainsi qu'on le voit par ce texte emprunté à une formule magique du papyrus hiératique de Leide I, 347, pl. 9, l. 10: 〖𓈖𓏛𓇳〗 〖𓊽𓏭𓇋𓆑𓂋𓎡𓈖𓏛〗, *toutes ses chairs rayonnent comme du tahen.*

J'en ai conclu que le tahen peut être le quartz hyalin ou cristal de roche, que les Égyptiens ont su tailler et dont le nom hiéroglyphique n'a pas encore été reconnu. Ce nom a pu s'étendre aussi au verre ou cristal artificiel dont les Musées égyptiens renferment de nombreux spécimens colorés de nuances diverses.

D'après le Rituel (ch. 146, 26), le Tanen avait une porte de *tahen* par laquelle le défunt devait passer chaque jour. C'est sans doute pendant qu'Osiris était renfermé sous cette porte que des MAS-TU lui furent présentés.

Le Tanen est défini par le Rituel comme étant le 〖𓊃𓀀𓉴〗 (SAM) d'Osiris. Or, le SAM est un lieu dans lequel, selon le Rituel, il était dangereux de s'arrêter; c'est le cachot d'où le criminel sortait pour recevoir le coup mortel sur le billot de la décapitation (〖𓄼𓉴〗),

ou bien le lieu où il était mis à la torture avant de subir le dernier supplice (*Todtb.* 17, 77).

Cet emprisonnement du dieu, qui eut lieu pendant la nuit, fut donc l'un des dangers qu'il eut à courir et dont il triompha par l'appui d'Horus. Aussi le souvenir de cet événement était-il du nombre de ceux qui fournissaient aux magiciens de l'Égypte des charmes contre les dangers imprévus et en particulier contre les reptiles venimeux.

J'ai cité dans le papyrus magique Harris (p. 178) les quatre briques de *tahen* qui étaient dans Héliopolis et qui servaient à repousser Set, type de l'aspic méchant. Le papyrus I, 349 de Leide donne contre les scorpions une formule qui se rapporte plus complètement au mythe osiridien :

« Je sors, je me trouve dans la nuit; je suis enveloppé
» de tahen, enlacé d'aspics. Horus est derrière moi; Set
» est à mon côté, ainsi que les dieux et une uræus dont
» la bouche est semblable à un livre. O toi qui es devant
» moi, toi qui es devant moi, toi qui viens contre moi,
» ne m'approche pas ! car c'est le Dieu grand qui est à
» côté de moi; les dieux me préparent le chemin. Je suis
» l'un de vous, car je suis l'enfant du Soleil au milieu
» des dieux de son cortège. Écoulez-vous loin de moi,
» scorpions ! »

Armé de ces souvenirs mythologiques, l'Égyptien croyait pouvoir éloigner de ses pas les reptiles cachés dans le sable, sous les pierres ou parmi les herbes du chemin.

Le dieu Outa-Hor, l'OEil d'Horus, accompagna Osiris et le protégea contre les embûches de Set; c'est ce que nous apprend positivement le papyrus magique Harris (pl. IX, 6), qui parle aussi d'un coffre de huit coudées, dans lequel Osiris, transformé en singe, fut renfermé. Peut-être existe-t-il quelque connexité entre ce coffre et le Tanen fermé par une porte de cristal dont parle le Rituel ; ceci nous expliquerait la glose qui dit que le *tahen* (le cristal) c'est l'Œil d'Horus. Outa-Hor se serait substitué à la porte du lieu de détention d'Osiris, afin de laisser passer les MASI-U ou aliments qui conservèrent le dieu et firent encore une fois échouer les tentatives meurtrières de son adversaire. On comprend alors pourquoi les MASI-U du Tanen devinrent le symbole du ciel et de la terre, dont Osiris fut proclamé le seigneur après sa victoire définitive. (Voir *Hymne à Osiris*, Mémoire, p. 13, et texte, l. 18 et sqq.)

Cette aventure d'Osiris dans Tanen est assimilée par le Rituel à l'ébranlement du monde par le dieu *Shou* dans Soutensinen. L'expression est ▲ ▲ ✕ ≡ , KAN-KANTO, que paraît rappeler le copte ⲕⲉⲛⲧⲟ, *terræ motus*. On trouve en effet le mot ⲕⲛⲕⲛ dans l'acception d'*exciter, pousser, secouer, ébranler*. Shou était-il intervenu dans la lutte en faisant trembler la terre, ou bien s'agit-il de quelque fait rentrant dans le rôle cosmogonique du dieu solaire? c'est ce que je ne saurais décider. Dans tous les cas, l'idée de la force divine ébranlant le monde a fourni à l'auteur du livre de Job l'une de ses plus riches images : (Ch. 38, 13.) לֶאֱחֹז בְּכַנְפוֹת הָאָרֶץ וְיִנָּעֲרוּ רְשָׁעִים מִמֶּנָּה

, TENNU, p. 46, 47.

L'ordre royal rapporté par le papyrus N° I prescrit à

un fonctionnaire égyptien de reconnaître les eaux et les terres, en partant d'Atema jusqu'à Tennu. A l'article Atema (*voir ce mot*) nous avons exposé les motifs qui nous portent à reconnaître dans cette dénomination géographique le pays d'Édom de la Bible. Il est tout-à-fait probable que le décret du pharaon a d'abord indiqué le point le plus rapproché, et que, par suite, Tennu devra être cherché au-delà du désert du Sinaï, dans la Palestine ou dans le pays situé à l'est de la Mer-Morte et du Jourdain. Un passage de notre papyrus mentionne le Tennu supérieur, ce qui permet de croire qu'il y avait un Tennu inférieur, c'est-à-dire une région de montagnes ou de hauts plateaux et une région de plaines. Atema n'était pas éloigné du Tennu supérieur; c'est là du moins que fut rencontré le Hak égyptien qui gouvernait cette province; ce chef relevait du pharaon, à qui il payait une redevance composée des principales productions de la localité.

La dénomination de *Tennu* avait donc sous l'Ancien-Empire une spécialité topographique définie. Mais je n'ai pas encore rencontré, sur les monuments du Second-Empire, la mention du *pays de Tennu*. On y trouve cependant le mot TENNU dans l'acception générale de *district*, *province*, et s'appliquant indifféremment à des divisions territoriales de l'Égypte ou des pays étrangers.

, UAT OER, p. 58.

Littéralement *le grand bassin*. C'est la désignation ordinaire de la Méditerranée : le papyrus N° 1 cite les dieux des localités situées autour de la Méditerranée :

; et cette mention montre

qu'au commencement de la XIIe dynastie, les Égyptiens avaient déjà parcouru cette mer et observé les religions des peuples qui en habitaient les côtes. Dans son travail sur la stèle de Thothmès III, récemment découverte par M. Mariette, M. de Rougé entrevoit que, sous ce pharaon, les Égyptiens devaient avoir poussé leurs expéditions jusqu'à l'Océan (*Div. monum. de Thothmès III*, p. 30). Cette conjecture n'a certainement rien de trop hardi. Il faut même faire remonter beaucoup plus haut que Thothmès III le développement de la puissance et des relations des Égyptiens sur la Méditerranée. L'étude des papyrus de Berlin ne permet pas le doute à cet égard.

[hiéroglyphes], UHI-U, p. 48.

Ce nom désigne les peuplades non établies dans des villes, et, d'une manière générale, les populations des campagnes, les tribus rurales. Dans les inscriptions de Karnak, connues sous le nom d'Annales de Thothmès III, les UHI sont cités antithétiquement aux [hiéroglyphes], ⲧⲱⲟⲩⲓ, *villes*.

Une inscription de l'île de Tombos nous montre les UHI-U des Heru-Sha (c'est-à-dire des Arabes maîtres des sables), se prosternant devant Thothmès I, et, dans la stèle de Semneh publiée par M. Birch, il est question des UHI-U occupant le territoire qui s'étend depuis la ville nubienne d'Aboccis (Bak) jusqu'à Tari.

En comparant entre eux les divers textes qui contiennent cette dénomination, on est conduit à reconnaître qu'elle a pour variante la forme [hiéroglyphes], [hiéroglyphes];

ce qui donnerait UH, WUH, pour l'une des valeurs de l'animal couché, hiéroglyphe qui représente aussi un son de simple voyelle, et qu'il faut faire passer dans la classe des signes polyphoniques.

𓊖𓀙𓂝𓇳𓏥 , s'asu, p. 64.

Les Shasu sont signalés par le papyrus Anastasi I comme un peuple pillard et chasseur, infestant les routes de la Syrie, dans la région du Liban. C'est dans le voisinage de cette même localité que deux espions de cette race donnèrent à Ramsès II le faux avis qui fit tomber ce prince dans une embuscade des Khitas. Pendant une expédition de Thothmès II en Naharaïn, le capitaine Ahmès s'empara d'un grand nombre de Shasu vivants. Thothmès III eut à les combattre dans sa campagne contre les Rutennu. A son tour Séti I les poursuivit depuis Tzor, sur la frontière d'Égypte, jusqu'à Pakanana, localité dans laquelle on a cru retrouver l'indication du nom de Chanaan, ce que ne saurait admettre sans restrictions la saine critique. Parmi les noms de lieux encore lisibles dans les scènes relatives à cette guerre de Séti I, sculptées à Karnak, on distingue l'étang d'Absakaba et celui de Rabbata, auprès desquels le pharaon fit élever des postes fortifiés.

Ainsi donc les Shasu, dont les incursions appelaient si fréquemment des répressions sanglantes de la part de l'Égypte, nous offrent tous les caractères des Arabes errants ou Bédouins, dont les hordes nomades rendent encore si peu sûres les localités jadis parcourues par leurs devanciers des temps pharaoniques. Aucun des renseignements assez nombreux que nous livrent les textes ne nous autorise à identifier cette race avec les Mena ou Pasteurs, qui conquirent l'Égypte et en furent chassés par Ahmès. Sous Menephtah Hotephima, successeur de Ramsès II, quelques-unes des tribus des Shasu paraissent avoir été soumises à l'Égypte. On trouve du moins dans le papyrus Anastasi VI un ordre qui concerne leurs chefs. Autant qu'on peut encore en juger par les débris du texte mutilé, il s'agissait d'interner certains Mahotou ou conducteurs des Shasu à Atema, dans le Khtem ou fort de Menephtah Hotephima, qui est à Takou, et aux piscines de Pa-Tum de Menephtah Hotephima, de Takou. Le mot 𓊪𓂋𓂝𓀀𓃀𓏏𓏥, BARKABUTA, qui désigne ici les piscines, est une transcription de l'hébreu ברכות, et un indice de la manie sémitique qui s'empara des Égyptiens après leur long contact avec les Pasteurs et avec les Hébreux, et à la suite de leurs conquêtes en Asie, où ils avaient alors des établissements permanents.

Les monuments d'Ahmès ne font aucune mention des Shasu, que l'on ne rencontre pas davantage aux époques antérieures. On ne se défiera jamais suffisamment des erreurs auxquelles peut conduire une trop grande confiance dans les preuves tirées de la ressemblance phonétique des noms.

𓍋𓍋𓍋(𓊪𓏏𓊃), SHE SNEFRU, p. 38, 39.

Bourgade de la Basse-Égypte, sur la route d'Asie. Elle porte le nom du roi Snefrou, qui fut le fondateur des établissements égyptiens du Sinaï. C'est l'une des localités traversées par le voyageur du papyrus N° I.

, H'TAU, p. 57.

Le pays des Kheta ou Khita, si connu par les monuments des guerres de Ramsès II. De même que les

, RUTEN, RUTENNU, les Khita n'apparaissent que sur les monuments du Nouvel-Empire. Ce sont les peuples qui furent la souche des Chaldéens et des Assyriens. Établis sur les rives de l'Euphrate, ils semblent avoir étendu leurs conquêtes jusqu'en Syrie et en Palestine, à une époque un peu antérieure aux temps de l'Exode des Juifs. L'identification des Khita avec les Hittites (חתים) de la Bible est basée uniquement sur la conformité de nom. Mais cette identification présente d'insurmontables difficultés, que j'exposerai prochainement dans un travail sur le papyrus Anastasi I.

, HA-NEBU, p. 58, 66.

Cette dénomination signifie à la lettre *tous ceux qui sont par derrière*. Les Égyptiens désignaient ainsi tous les peuples septentrionaux, en y comprenant l'Asie-Mineure, la Grèce et le reste de l'Europe. Aux Basses-Époques, le nom de Hanebu s'appliqua surtout aux Grecs, à cause de leurs fréquentes relations avec l'Égypte. On sait que l'expression Ἑλληνικοῖς γράμμασιν de l'inscription de Rosette, a pour équivalent hiéroglyphique (

). Dans le décret de Philæ la forme est . Si, comme l'ont pensé quelques égyptologues, les scribes du temps des Lagides ont voulu, par orthographe abusive, imiter sous cette forme le nom des *Ioniens*, ce qui est à la rigueur possible quoique peu vraisemblable, on est toutefois obligé de convenir que la forme antique du mot ne se prêterait pas à cette lecture. D'un pharaon de l'Ancien-Empire dont le prénom (S-onkh-ka-Ra) est seul connu, il est dit : *Qu'il fit faiblir les Hanebu et se courber les deux mondes.* (*Denkm.* II ; 150, a.) Il n'y a point à songer aux Ioniens dans ce passage, où, comme dans tous les textes antérieurs aux Lagides, le mot Hanebu désigne constamment les nations que la Méditerranée séparait de l'Égypte.

, *le pays de la campagne* ou *de la plaine de sel*, p. 15, 21.

Tel est le nom de la localité qu'habitait l'ouvrier dont le papyrus N° II raconte les infortunes. D'après les détails que donne le texte, ce pays produisait du sel et du natron ; on y trouvait le dattier, l'acacia et le tamarisque ; et les transports s'y faisaient, comme dans tous les déserts, à l'époque contemporaine, par le moyen des ânes. Ces particularités conviennent bien aux déserts qui s'étendent à l'ouest de la Basse-Égypte jusqu'à l'oasis de Siwah ou d'Ammon. Le pays de la plaine de sel était gouverné par un Hak ou vice-roi, qui y faisait exécuter les ordres du roi d'Égypte. Il en était ainsi de la colonie égyptienne de Tennu (*voyez ce mot*). Les Égyptiens donnaient aussi le titre de Hak aux chefs des tribus du désert et des peuplades asiatiques qui avoisinaient la frontière orientale du Delta. Frappé et dépouillé, l'ouvrier se rendit à Soutensinen pour demander justice. Cette localité célèbre était donc en quelque sorte la métropole des établissements situés dans la *plaine de sel*. Cette circonstance donne une nouvelle force aux considérations qui ont porté M. Brugsch à y reconnaître l'oasis d'Ammon. (*Voir l'article Soutensinen.*)

Chalon-sur-Saône, le 1er octobre 1863.

ERRATA.

Page 43, lig. 21 : *Au lieu de :* beaucoup de fer, du Bak, *lisez :* beaucoup de Bak.

Page 61, dernière ligne : *Au lieu de :* Shaus, *lisez :* Shasu.

» 70, lig. 18 : *Au lieu de :* la terre, *lisez :* sur la terre.

TABLE DES MATIÈRES.

	Pages
Avant-propos.	V
Nomenclature des papyrus de Berlin.	1
Le Papyrus N° II.	5
Le Soutensinen.	17
Le Papyrus N° I.	37
Aperçus historiques et chronologiques.	52
Index géographique.	73
Aa.	id.
Aaa.	id.
Aat.	74
Aat de la plaine.	id.
Abet.	id.
Atema.	75
Kam-uer.	76
Lub-u.	id.
Maschawascha.	77
Mena.	78

	Pages
Patan.	79
Punt.	id.
Ta-neter.	80
Rohannu.	id.
Sutennen.	id.
Sutensinen.	81
Sati-u.	id.
Tamahu.	83
Tanen.	id.
Tennu.	87
Uat-oer.	88
Uhi-u.	89
Shasu.	90
She-Snefru.	91
Khita.	92
Rutennu.	id.
Hanebu.	id.
Le pays de la campagne de sel.	93

Chalon-s-S., imp. de J. Dejussieu.